3訂版

これ1冊でOK!

中小企業の株式実務

三井住友信託銀行
ガバナンスコンサルティング部 著

日本法令

はしがき

　本書初版は、2012年3月、非上場企業である中小企業の株式実務ご担当の方々向けに、主な株式実務をとりまとめ発刊いたしました。その後、2018年、2020年にその間の改正法令等を反映させ、また、非上場の中小企業においても関心の高い事項について解説を追加するなど改訂版を発刊してまいりました。

　今般の改訂版は、株主総会に関する解説を充実させ、令和元年改正会社法において創設された株主総会資料の電子提供制度に加え、シナリオ例、株主総会当日の運営等についても解説しております。

　本書は、取締役会設置会社で監査等委員会設置会社および指名委員会等設置会社以外の非上場会社をターゲットとし、株主名簿管理人を設置しておらず、自社で株主名簿の管理を行っている株式会社を念頭に置いております。

　なお、本書は、脱稿時点の関係法令・諸規程、実務慣行その他入手し得る資料等に基づいているため、その後の改正・変更等により、内容に変更があり得ることにご留意ください。

　また、本書は、実務に必要な諸制度のご理解を深めていただくことを目的としておりますので、会計、税務、法令解釈等の個別の事案につきましては、専門家にご相談いただきますようお願い申し上げます。

　なお、本書は東京証券代行株式会社として出版していましたが、2025年1月1日付をもって、三井住友信託銀行株式会社に吸収合併いたしました。今般の改訂版より、同社名にて引き続き執筆を担当しております。

　本書が株式実務のご担当の方々にいささかなりともお役に立てれば幸甚に存じます。

　最後に、本書の刊行にご尽力いただきました株式会社日本法令の三木治氏に厚く感謝申し上げます。

2025年1月　　　　　　　　　　　　三井住友信託銀行株式会社
　　　　　　　　　　　　　　　　　ガバナンスコンサルティング部

目　次

I　株主名簿の作成

1．株主名簿の意義 ……………………………………………………10

2．株主名簿の効力 ……………………………………………………10

　(1)　株式の移転の対抗要件 …………………………………………10

　(2)　免責的効力 ………………………………………………………13

　(3)　基準日 ……………………………………………………………14

3．株主名簿の作成 ……………………………………………………18

　(1)　株主名簿の作成と備置 …………………………………………18

　(2)　株主名簿の記載事項 ……………………………………………18

4．株主名簿の閲覧請求権、閲覧拒否事由 …………………………20

II　株式の譲渡と株主名簿の記載の変更

1．株券発行会社と株券不発行会社の株式譲渡方法 ………………26

　(1)　株券発行会社における株式の譲渡方法 ………………………26

　(2)　株券不発行会社における株式の譲渡方法 ……………………26

2．株券発行会社における株券発行義務等 …………………………27

　(1)　株券の意義と記載事項 …………………………………………27

　(2)　株券の発行時期 …………………………………………………28

　(3)　予備株券の管理 …………………………………………………28

3．株券不所持制度の概要 ……………………………………………28

４．株券の印紙税 ……………………………………………………29
　(1)　印紙税の計算 …………………………………………………29
　(2)　印紙税の納付 …………………………………………………30
５．譲渡制限株式の譲渡承認手続 …………………………………33
　(1)　譲渡制限株式の概要 …………………………………………33
　(2)　譲渡制限株式の譲渡手続 ……………………………………34
６．名義書換手続 ……………………………………………………46
　(1)　株券発行会社の名義書換 ……………………………………46
　(2)　株券不発行会社の名義書換 …………………………………48
７．諸　届 ……………………………………………………………52

Ⅲ　株主名簿の確定と権利行使

１．株主名簿の確定 …………………………………………………56
　(1)　基準日制度 ……………………………………………………56
　(2)　株主総会における議決権行使権者 …………………………59
　(3)　配当金の受領権者 ……………………………………………60
２．株主総会関係事務および配当金関係事務 ……………………60
　(1)　株主総会関係事務 ……………………………………………61
　(2)　配当金関係事務 ………………………………………………123
３．所在不明株主の株式売却制度 …………………………………141
　(1)　所在不明株主の株式売却制度とは …………………………141
　(2)　要　件 …………………………………………………………141
　(3)　所在不明株主の株式売却手続 ………………………………142

Ⅳ　単元未満株主の権利および買取請求手続

１．単元株制度の概要 ………………………………………………146

目　次

2．単元未満株主の権利 ……………………………………………146

3．単元未満株式の買取請求手続 ………………………………148

(1)　単元未満株式買取請求権とは ……………………………148

(2)　買取請求の手続 ……………………………………………148

(3)　買取請求で取得した株式の管理 …………………………150

Ⅴ　募集株式の発行、株式の分割の手続

1．募集株式の発行 …………………………………………………156

(1)　募集株式の発行手続 ………………………………………156

(2)　募集事項の決定 ……………………………………………156

(3)　募集株式の申込み …………………………………………159

(4)　募集株式の割当て …………………………………………159

(5)　募集株式の引受人の出資の履行 …………………………160

(6)　株券の発行 …………………………………………………160

(7)　募集株式発行の登記 ………………………………………160

(8)　日　程 ………………………………………………………161

2．株式の分割 ………………………………………………………164

(1)　株式分割とは ………………………………………………164

(2)　株式分割の日程 ……………………………………………164

Ⅵ　株券喪失登録

1．株券喪失登録制度の概要 ………………………………………172

2．株券喪失登録の手続 ……………………………………………172

(1)　株券喪失登録の請求 ………………………………………172

(2)　株券喪失登録簿の作成 ……………………………………173

(3)　名義人および名義書換請求者に対する喪失登録の通知 ………174

(4) 株券喪失登録簿の閲覧・謄写請求 ……………………………175

(5) 株券所持人の抹消申請 …………………………………………175

(6) 株券喪失登録者による抹消の申請 ……………………………177

(7) 喪失登録株券の無効と株券の再発行 …………………………177

(8) 異議催告手続との関係 …………………………………………177

(9) 喪失登録株券に係る議決権の停止 ……………………………178

Ⅶ　自己株式の取得

1．自己株式取得の意義 ………………………………………………186

2．自己株式を有償取得する手続 ……………………………………187

(1) 全株主から申込みを募る方法 …………………………………188

(2) 特定の株主から取得する方法 …………………………………189

3．相続人等に対する売渡しの請求 …………………………………192

索　引 ………………………………………………………………………200

目　次

主な用語

公開会社……発行する全部または一部の株式の内容として譲渡による当該株式の
　　取得について株式会社の承認を要する旨の定款の定め（譲渡制限規定）を設け
　　ていない株式会社（会2⑥）

譲渡制限会社……公開会社以外の株式会社、すなわち、発行する株式の全部に譲
　　渡による取得について会社の承認を要する旨の定款の定め（譲渡制限規定）を
　　設けている株式会社

株券発行会社……定款に株券を発行する旨を定めている株式会社

株券不発行会社……株券発行会社以外の株式会社

法令略称一覧

会社法……会
会社法施行規則……会規
会社法の施行に伴う関係法律の整備等に関する法律……整備法
会社計算規則……会計規

民法……民
民法施行法……民施

金融商品取引法……金商法
金融商品取引法施行令……金商令
上場株式等の議決権の代理行使の勧誘に関する内閣府令……勧誘府令
社債、株式等の振替に関する法律……振替法

所得税法……所
所得税法施行規則……所規
所得税法施行令……所令
法人税法……法税
法人税法施行令……法令
租税特別措置法……租特法
租税特別措置法施行規則……租特規
租税特別措置法施行令……租特令
国税通則法……国通
国税通則法施行令……国通令
地方税法……地
地方税法施行令……地令
東日本大震災からの復興のための施策を実施するために

必要な財源の確保に関する特別措置法……復興法

印紙税法……印
印紙税法施行令……印令
印紙税法基本通達……印通

商業登記法……商登
商業登記規則……商登規
行政手続における特定の個人を識別するための番号の利用等に
関する法律……番号法
行政手続における特定の個人を識別するための番号の利用等に
関する法律施行規則……番規
行政手続における特定の個人を識別するための番号の利用等に
関する法律施行令……番令

I 株主名簿の作成

1．株主名簿の意義
2．株主名簿の効力
3．株主名簿の作成
4．株主名簿の閲覧請求権、閲覧拒否事由

I　株主名簿の作成

1．株主名簿の意義 ||||||||||||||||||||||||||||||||||||||||||||

　株式会社（以下、「会社」といいます）においては、その社員（出資者）の持分は「株式」として表章されます。したがって、会社における出資の単位は株式をもって算定され、持分の取得や譲渡も株式を単位にして行われることになります。

　この株式の所有者（すなわち会社の出資者）を「株主」といいます。株主は、その有する株式について会社法により認められた権利を有することになります。株式は譲渡されることを前提としていますので（会127）、株主は入れ替わっていくことになり、このため、株主を管理し、その持株数等を記録するシステムとして株主名簿の制度が設けられ、会社は株主名簿の作成が義務付けられています（会121）。

　株主名簿には、後述するように、株主であることの会社への対抗要件や、会社の免責効力といった効力があり、「株主名簿は、変動する株主と会社との関係を規律する目的で、法律上一定の効力が付与された制度」といえます（江頭憲治郎「株式会社法」（第9版）2024年有斐閣206頁）。

2．株主名簿の効力 ||||||||||||||||||||||||||||||||||||||||||||||||

(1)　株式の移転の対抗要件

①　株式の移転の対抗要件

　株式の移転とは、株式の譲渡（売買、贈与、営業譲渡に伴う株式の移転など）や、相続、合併などの包括承継（一般承継ともいいます）

も含まれます。株式を移転した場合に、取得者が会社に対して株主であることを主張するためには、株主名簿に自己を株主として記載し、または記録しなければなりません（以下、「記載」には「記録」を含めるものとします）。これを会社への対抗要件といいます（会130）。このため、株式を取得した者は会社に対して、株主名簿記載事項の変更を請求することができます（会133Ⅰ）。この請求行為を「名義書換請求」といい、株主名簿に記載されている株主は、一般に「名義人」ともいいます。会社は原則として名義書換請求を拒むことはできません。会社が不当に名義書換を拒絶した場合は、株主名簿に記載されていなくても、会社に株主であることを対抗できるとされており（最判昭和41.7.28）、また損害賠償も請求できるとされています（江頭・前掲書210頁注6）。また、名義書換の不当拒絶には、罰則が定められています（会976⑦。100万円以下の過料）。

　株券不発行会社に対する名義書換請求は、株式の取得者と株主名簿上の株主（またはその相続人等の一般承継人）と共同でしなければなりません（会133Ⅱ）。一方、株券発行会社（会117Ⅶ・214・911Ⅲ⑩）に対する名義書換請求は、株券を提示することにより、取得者単独で行うことができます（会133Ⅱ、会規22Ⅱ①）。

②　第三者対抗要件

　株券発行会社においては、株券の所持が会社以外の第三者への対抗要件となります。これは、株券が有価証券であることから、株券の占有者は、当該株券に係る株式についての権利を適法に有するものと推定されるからです（会131Ⅰ）。これを「株券の権利推定機能」といいます。

　また、株券発行会社の株式譲渡は、当該株式に係る株券を交付しなければ、譲渡の効力が生じません（会128Ⅰ）。さらに、株券の交付を受けた者は当該株券に係る株式についての権利を取得します（ただし、その者に悪意または重大な過失があるときは、この限りではありません。会131Ⅱ）。これを有価証券の「善意取得」といいます。動産

についての即時取得（民192）よりも取得要件が緩和され、譲受人の保護が厚くなっています。すなわち、軽過失であっても善意取得は認められ、盗品・遺失物に関しても対象となります。

　なお、法律上の要請ではありませんが、株券発行会社の株主が所有株数を第三者に証明する必要が多々あるため、会社は「所有株数証明書」（16頁**書式Ⅰ－①**参照）を交付して対応する実務が行われています。

　一方、株券不発行会社では、株主名簿の記載が第三者対抗要件となります（会130Ⅰ）。すなわち、株主名簿に記載されている株主のみから株式を取得することができ、株主名簿に株主として記載されていれば株式を譲渡することができます。このため、株主名簿の名義人は、株主名簿記載事項を記載した書面の交付または株主名簿記載事項を記録した電磁的記録の提供（以下、「株主名簿記載事項証明書」といいます。17頁**書式Ⅰ－②**参照）を請求する権利が認められています（会122Ⅰ）。なお、「株主名簿記載事項証明書」には会社の代表取締役の署名または記名押印が必要となります（会122Ⅱ）。また、有価証券である株券が介在しませんので、善意取得の適用の余地はありません。

③　質権の対抗力

　株式の質入れは、その質権者の氏名または名称および住所を株主名簿に記載しなければ、会社その他の第三者に対抗することができません（会147Ⅰ・148）。

　これに対して、株券発行会社の株式の質権者は、継続して当該株式に係る株券を占有しなければ、その質権をもって株券発行会社その他の第三者に対抗することができません（会147Ⅱ）。

２．株主名簿の効力

(2) 免責的効力

① 株主の資格に関する免責

　株券発行会社においては、株券の占有者が株券を提示して会社に対して名義書換請求をした場合、前記のように株券の所持人は適法な権利者と推定されますので（会131Ⅰ）、そのまま株主名簿に記載しても責任は問われません。ただし、会社において、無権利者からの名義書換であることにつき悪意・重過失がある場合は免責されません。「悪意」がある場合とは、無権利者であるという事情を知り、そのことを立証できるにもかかわらず、あえて名義書換をするという場合です。疑えるが証拠がないような場合は、悪意・重過失には該当しないとされています（江頭・前掲書210頁注５）。

　会社は、株主名簿上の名義人を株主として取り扱えば免責されます。仮に、名義人が無権利者であっても、名義人に対して支払った配当金は有効な弁済であり、名義人からの議決権行使により決議された株主総会の議案は有効に成立します。

　株券不発行会社においては、名義書換の段階で権利推定機能がありませんので（前記のとおり善意取得がありません）、株主名簿自体に真の株主についての免責的効力はありません（江頭・前掲書214頁）。

② 通知・催告についての免責

　会社が株主に対してする通知または催告は、株主名簿に記載された当該株主の住所宛に発すれば足ります（会126Ⅰ）。株主が、住所以外に通知または催告を受ける場所または連絡先（これを「受信場所」といいます）を会社に通知していた場合は、当該場所または連絡先宛に発した場合も同様です（受信場所を指定していた場合は、住所ではなく受信場所宛に送付すべきです）。住所や受信場所宛に発した場合に、仮に到達していなくても、通常到達すべきであったときに到達したも

13

のとみなされます。これは、株主が通知・催告を受け取っていないことを証明しても、会社は免責される趣旨です。

なお、株主名簿に記載された住所または受信場所宛に発信された通知・催告が、5年間継続して到達しない場合は、以後、通知・催告を要しない制度が設けられています（会196Ⅰ）。この通知・催告を要しない株主を「所在不明株主」といいます。所在不明株主については、剰余金の配当も5年間継続して受領していない場合（「受領していない場合」には、無配の場合も含まれます）は、当該株主の株式を売却する制度が設けられています（会197）。当該制度につきましては、後記Ⅲ**3．所在不明株主の株式売却制度**をご参照ください。

③　失念株主

株券を所持していても未だ名義書換をしておらず、株主名簿に記載されていない株主を「失念株主」といいます。なお、株券不発行会社には、通常、失念株主は想定されません。

株主名簿には免責的効力がありますが、会社の危険負担において失念株主に権利行使を認めることは違法ではありません。ただし、名義株主（株主名簿に記載されている株主）から権利行使があると会社は拒めず、配当金などの二重払いを余儀なくされることもあります。

(3)　基準日

会社は、一定の日を定め、この日において株主名簿に記載された株主を、その権利を行使することができる者と定めることができます（会124Ⅰ）。これを「基準日制度」といい、この一定の日を「基準日」といいます。

株主が常に異動することが前提の会社（公開会社）においては、権利行使可能な株主を確定させるためには基準日が不可欠です。一方、譲渡制限会社においては、原則として株主の異動は会社が常に把握していますので（取締役会で譲渡を承認しなければ株主名簿の記載の変

更はありません)、必ずしも基準日を設ける必要はありません。基準日を設けない場合は、例えば、議決権であれば株主総会日の株主名簿に記載された株主が議決権を行使することができ、剰余金の配当であればその効力発生日の株主名簿に記載された株主が配当金を受領できることになります。

　基準日を設定するときは、基準日株主が行使できる権利の内容を定めて（会124Ⅱ）、基準日の2週間前までに当該基準日および基準日の対象となる権利の内容を公告しなければなりません（会124Ⅲ）。基準日の対象となる権利は、基準日から3か月以内に行使するものに限られます（会124Ⅱ）。定款で、基準日およびその対象となる権利を定めていた場合は、公告が不要です。基準日の周知について、株主への通知でなく、公告に限定されているのは、株主を確定するという会社にとっての便宜だけでなく、名義書換未済の株券所持人に名義書換を促す趣旨も有するからです。

◇株式実務 Q&A ①◇

Q　株主名簿はパソコンで作ってもよいのか？

A　株主名簿は電磁的記録で作成することが認められています（会125Ⅱ②）。電磁的記録とは、磁気ディスクその他これに準ずる方法により一定の情報を確実に記録しておくことができるものをもって調整するファイルに情報を記録したものをいいます（会規224）。したがって、株主名簿を必ずしも帳簿（紙）で作成する必要はなく、パソコンで作成してもかまいません。ただし、株主等から株主名簿の閲覧・謄写請求があった場合には、紙面または出力装置の映像面にすべての法定記載事項が表示されるようにしておく必要があります（会125Ⅱ②・会規226⑥）。

I　株主名簿の作成

■書式 I －①　所有株数証明書（株券発行会社）

所有株数証明書

1．株主氏名（名称）　　　　○○　　○○

2．住所　　　　　　　　　〒000-0000
　　　　　　　　　　　　　東京都○○区○○○△△町○－○

3．株主の有する株式数　　15,000株

株券記号	株券番号	株式数	取得年月日	摘要
A	000001	10,000	○年○月○日	取得
B	000001	1,000	○年○月○日	取得
B	000010	1,000	○年○月○日	取得
B	000011	1,000	○年○月○日	取得
B	000012	1,000	○年○月○日	取得
B	000013	1,000	○年○月○日	取得

上記のとおり当会社の株主名簿に記載されていることを証明します。

○○年○月○日

〒000-0000

東京都○○区○○○△△町○－○

株式会社　○○○○

代表取締役　○○○○　㊞

2．株主名簿の効力

■書式Ⅰ－②　株主名簿記載事項証明書（株券不発行会社）

株主名簿記載事項証明書

1．株主氏名（名称）　　　○○　○○

2．住所　　　　　　　　　〒000-0000
　　　　　　　　　　　　　東京都○○区○○○△△町○－○

3．株主の有する株式の種類および数　　普通株式　15,000株
　【内訳】

取得年月日	株式数	譲渡年月日	合計株式数	株式の種類	摘要
○年○月○日	20,000			普通	取得
○年○月○日	5,000			普通	取得
		○年○月○日	5,000	普通	譲渡
		○年○月○日	3,000	普通	譲渡
		○年○月○日	1,000	普通	譲渡
		○年○月○日	1,000	普通	譲渡

上記のとおり当会社の株主名簿に記載されていることを証明します。

○○年○月○日
〒000-0000
東京都○○区○○○△△町○－○
株式会社　○○○○
代表取締役　○○○○　㊞

※種類株式発行会社は、株式の種類および種類ごとの株式数がわかるように表示するか種類ごとに作成します。

I　株主名簿の作成

3．株主名簿の作成 ||||||||||||||||||||||||||||||||||||||||||||||||||

(1)　株主名簿の作成と備置

　会社は、株主名簿を作成し（会121）、本店に備え置かなければなりません（会125Ⅰ）（22頁**書式Ⅰ－③**参照）。

　株主名簿に記載すべき事項を記載しなかったり、虚偽の記載をした場合は、取締役に対し、100万円以下の過料の制裁があります（会976⑦）。

(2)　株主名簿の記載事項

　株主名簿には、以下の事項を記載しなければなりません（会121）。

①　株主に関する事項（会121）

---

① 　株主の氏名または名称および住所
② 　①の株主の有する株式の数（種類株式発行会社にあっては、株式の種類および種類ごとの数）
③ 　①の株主が株式を取得した日
④ 　株式会社が株券発行会社である場合には、②の株式（株券が発行されているものに限る）に係る株券の番号

　上記①の株主が有する株式が信託財産に属するときはその旨を記載します（会154の2。株券不発行会社の場合）。上記③の「株式を取得した日」については、併せて取得事由（譲渡、相続、募集株式の引受け、新株予約権の行使、株式分割、合併など）も記載されます。上記④の「株券の番号」については、株券管理の実務上、記号と番号を記載しています。

18

②　質権者に関する事項（会148）

① 　質権者の氏名または名称および住所
② 　質権の目的である株式
③ 　株券発行会社が株券不発行会社に移行した場合の特例登録株式質権者の氏名または名称、住所および質権の目的である株式（会218Ⅴ）

　上記のほか、株券発行会社の場合は、株券不所持申出に係る株式につき株券を発行しない旨（会217Ⅲ）を記載しなければなりません。

　また、実務上、株主の指定した受信場所・連絡先、共有の場合の共有代表者、法定代理人、海外居住株主の常任代理人、配当金の振込指定先情報等などが記載されています。

◇株式実務 Q&A ②◇

Q　　株主名簿管理人とは契約したほうがよいのか？

A　　株主名簿管理人は、株式発行会社からの委託により、会社に代わって株主名簿の作成、備置きその他の株主名簿に関する事務を行う機関です（会123）。上場会社においてはその設置が義務付けられていますが、非上場会社においては任意となります。非上場会社においても株式上場を目指していたり、株主が多数で自社における事務負担がある場合には、株主名簿管理人の設置を検討されるのもよいでしょう。

Ⅰ　株主名簿の作成

4．株主名簿の閲覧請求権、閲覧拒否事由 ⅠⅠⅠⅠⅠⅠⅠⅠⅠⅠⅠⅠ

　株主および債権者は、会社の営業時間内は、いつでも、次に掲げる請求をすることができます（会125Ⅱ）。請求するときは、当該請求の理由を明らかにしなければなりません。株主名簿閲覧の理由としては、株主権の共同行使などが想定されます。株主名簿の閲覧請求にあたっては、請求理由の是非を審査するため、会社所定の書面（株主名簿閲覧・謄写請求書といいます。23頁**書式Ⅰ－④**参照）を請求株主に提出してもらうのが一般的です。

　なお、当該会社の親会社の株主等も裁判所の許可を得ることによって株主名簿の閲覧請求をすることができます（会125Ⅳ）。

① 株主名簿が書面をもって作成されているときは、当該書面の閲覧または謄写の請求
② 株主名簿が電磁的記録をもって作成されているときは、当該電磁的記録に記録された事項を法務省令で定める方法により表示したものの閲覧または謄写の請求

　株主名簿の閲覧とは、書面で備置された株主名簿を見読することであり、電磁的記録で作成されている場合は、ディスプレイ等で見るか、印刷して閲覧することになります。謄写とは、閲覧者が自ら写すことであり、謄写の方法として、書き写す以外に、写真撮影等も認められます。株主名簿については、謄本の請求権はありませんので、会社はコピーを渡す義務はありません。ただし、相応の費用を徴求してコピーを渡す取扱いも考えられます。なお、株主名簿は株主の住所、氏名等、個人情報が記載されていますので、個人情報の漏洩を防止するためにも、請求者から閲覧の目的以外では使用しない旨の誓約書（24頁**書式Ⅰ－⑤**参照）を株主名簿閲覧・謄写請求書とともに徴求することが考えられます。また、法定記載事項以外で株主名簿に記載している事項（例えば配当金振込情報）がある場合、閲覧目的に関係の

4．株主名簿の閲覧請求権、閲覧拒否事由

ないものは閲覧に供しないよう留意します。

　会社は、原則として株主名簿の閲覧等を拒否することはできず（会125Ⅲ）、取締役が正当な理由なくして閲覧等を拒否したときは、取締役に対し100万円以下の過料の制裁が規定されています（会976④）。

　ただし、以下の場合は、株主名簿の閲覧等を拒否することができます（会125Ⅲ）。

① 　当該請求を行う株主または債権者（以下この項において「請求者」といいます）がその権利の確保または行使に関する調査以外の目的で請求を行ったとき。
② 　請求者が当該会社の業務の遂行を妨げ、または株主の共同の利益を害する目的で請求を行ったとき。
③ 　請求者が株主名簿の閲覧または謄写によって知り得た事実を利益を得て第三者に通報するため請求を行ったとき。
④ 　請求者が、過去2年以内において、株主名簿の閲覧または謄写によって知り得た事実を利益を得て第三者に通報したことがあるものであるとき。

◇株式実務 Q&A ③◇

Q 　株主名簿の閲覧請求があった場合どうしたらよいか？

A 　株主名簿の閲覧請求があった場合の手続の流れは概ね以下のとおりです。
① 　株主等から株主名簿の閲覧請求の旨申出
② 　株主名簿閲覧・謄写請求書、誓約書の提出依頼
③ 　株主名簿閲覧・謄写請求書、誓約書の受理
④ 　書類審査（株主確認、閲覧・謄写理由（拒否事由該当の有無）の確認）
⑤ 　閲覧請求の受諾決定、閲覧書類準備
⑥ 　株主本人確認、閲覧実施、費用の徴収

I 株主名簿の作成

■書式 I －③ 株主名簿

No. ＿＿＿＿＿＿＿＿＿

株式会社○○○○　株主名簿　（普通株式）

住　　所	〒 連絡先			
氏　　名	（フリガナ）			
代理人・質権者				

（異動）

日付	取得（株）	譲渡（株）	合計（株）	備考

（株券明細）

取得日	券種	記号	番号	譲渡日	備考

（その他）

	銀行			支店
振込情報	金融機関番号	店番号	種目	口座番号
	口座名義人			
受信場所				
その他				

4．株主名簿の閲覧請求権、閲覧拒否事由

■書式Ⅰ-④　株主名簿閲覧・謄写請求書

　　　　　　　　　　　　　　　　　　　　　　　　年　　　月　　　日

　　　　　　　　　　株主名簿　閲覧・謄写　請求書
　　　　　　　　　（該当項目を〇で囲んでください）

株式会社〇〇〇　御中

　　　　請求者

住所	〒　　　　　　（連絡先）　　－　　－	
氏名	（フリガナ）	届出印

　　　下記の書類についての閲覧・謄写を請求いたします。

　　　　　　　　　　　　　　記
1．閲覧・謄写を希望する株主名簿の範囲、内容

2．閲覧・謄写請求の理由　（具体的にご記入願います）

　　　　　　　　　　　　　　　　　　　　　　　　　　　以　　上

【お願い】
①別紙の誓約書に必要事項ご記入のうえ、本請求書と併せて会社宛にご提出願います。
②会社よりご連絡をさせていただきご来社いただく際、ご本人かどうかを確認できる運転免許証など顔写真が貼付されている証明書（個人）または登記事項証明書（法人）をご持参願います。
③代理人の方がご来社の場合には②の本人証明書類に加えて、代理権を証明する書類（委任状・職務代行通知等）をご持参願います。

I 株主名簿の作成

■書式 I −⑤ 誓約書

年　　　月　　　日

誓　約　書

株式会社○○○○　御中

　　誓約者

住所	〒　　　　　　　　　（連絡先）　　　−　　　　−	
	（フリガナ）	届出印
氏名		

閲覧・謄写（または複写）によって知り得た、貴社株主名簿に記載されている一切の情報について、閲覧請求の目的以外では使用しないことをここに誓約いたします。

以上

【お願い】

本誓約書に必要事項をご記入・お届出印ご押印のうえ、株主名簿閲覧・謄写請求書と併せて会社宛にご提出願います。

Ⅱ 株式の譲渡と株主名簿の記載の変更

1．株券発行会社と株券不発行会社
　の株式譲渡方法
2．株券発行会社における株券発行
　義務等
3．株券不所持制度の概要
4．株券の印紙税
5．譲渡制限株式の譲渡承認手続
6．名義書換手続
7．諸　届

Ⅱ　株式の譲渡と株主名簿の記載の変更

1．株券発行会社と株券不発行会社の株式譲渡方法 Ⅱ

(1)　株券発行会社における株式の譲渡方法

　株券発行会社とは、その株式（種類株式発行会社にあっては、全部の種類の株式）に係る株券を発行する旨の定款の定めのある会社をいいます（会117Ⅶ・214・911Ⅲ⑩）。

　株券発行会社の場合、株式の譲渡は、当該株式に係る株券を交付しなければ、その効力を生じません（会128Ⅰ）。したがって、譲渡制限会社で株券を発行していない場合（会215Ⅳ）や、株券の不所持申出（会217）により株券を発行していない場合には、株式を譲渡する際に、株主は会社に対して株券の発行を請求しなければなりません。

(2)　株券不発行会社における株式の譲渡方法

　会社法では、会社は株券を発行する旨の定款の定めがない場合には、株券を発行することを要しない株券不発行会社となります。株券不発行会社は株主からの請求があっても株券を発行することはできませんから、完全な株券ペーパーレスの会社ということになります。株券不発行会社における株式の譲渡は、当事者間での譲渡の合意により成立し、会社または第三者に対する対抗要件として、その株式を取得した者の氏名または名称および住所を株主名簿に記載しなければなりません（会130Ⅰ）。そして、その場合の株主名簿への名義書換は、利害関係人の利益を害するおそれがないものとして法務省令で定める場合を除いて、その株式の株主名簿の名義人またはその相続人その他の一般承継人と共同してしなければなりません（会133Ⅱ・会規22Ⅰ）。

26

２．株券発行会社における株券発行義務等 ||||||||||||

(1)　株券の意義と記載事項

　前記のとおり、株券は株式の権利を表章する有価証券であるとされ、株券発行会社では株式の譲渡には株券の交付が必要となります。また、株券を占有することによって、占有者は当該株券に係る株式についての権利を適法に有するものと推定されます（会131 I）。これを「株券占有の資格授与的効力」といいます。なお、株券は善意取得の対象となりますので、その占有者から株券の交付を受けた者は、その占有者が無権利者であっても、悪意または重過失がない限り当該株式についての権利を取得します（会131 II）。

　株券には次の事項を記載しなければなりません（会216）。

---

① 　株券発行会社の商号
② 　当該株券に係る株式の数
③ 　当該株券に係る株式が譲渡制限株式であるときはその旨
④ 　種類株式発行会社にあっては、当該株券に係る株式の種類およびその内容

　そして、株券の番号および代表取締役が署名または記名押印することを要します（会216）。もちろん株券であることの表示が必要であることはいうまでもありません。

　なお、会社法では株主の氏名の記載は、株券の譲渡の有効性に関係のないことから、株券の法定記載事項とはされていません。しかし、実務的には株主の氏名を記載することが多いものと考えられます。

　また、株券の様式や大きさについては会社法上特段の制約はありませんが、定型サイズと呼ばれる定型郵便物の大きさとするのが一般的です（31頁**書式II－①**参照）。

27

Ⅱ　株式の譲渡と株主名簿の記載の変更

(2)　株券の発行時期

　株券発行会社は、株式を発行した日以後遅滞なく、当該株式に係る株券を発行しなければなりません（会215Ⅰ）。ここでの「遅滞なく」とは、株式を発行した日以後できるだけすぐに株券を発行しなければならないということですが、合理的な理由によって遅れることは許されると解釈されます。

　なお、株券発行会社であっても譲渡制限会社では株主からの請求がない限り株券を発行する必要はありません（会215Ⅳ）。また、株主が株券不所持の申出をした場合（会217）や定款により単元未満株式に係る株券を発行しない旨を定めた場合（会189Ⅲ）には、株券の発行は必要ありません。

(3)　予備株券の管理

　予備株券とは、株券の分割、併合、汚損、毀損、満欄や株券の喪失による再発行など、将来の株券の再発行に備えて保管しておく株券用紙です。予備株券は必要事項を記載すれば、真正な株券としての体裁が整うため、厳重な管理を行うとともに、発行にあたっては、回収株券との株数の一致をチェックするなど、超過発行にならないように注意する必要があります。

3．株券不所持制度の概要 ||||||||||||||||||||||||||||||||||||

　株券発行会社の株主は、当該株券発行会社に対して株券の所持を希望しない旨を申し出ることができます（会217Ⅰ）。これを「株券不所持制度」といい、株券の所持を望まない株主の便宜を図るための制度です。この申出は、不所持申出をする株式の数（種類株式発行会社で

は株式の種類および種類ごとの数）を明らかにしてしなければなりません。なお、この申出は会社の設立または新株の発行に際し株券が発行される前にすることもできます。株券が発行されている場合には、不所持申出をする際に株券を提出しなければなりません（会217Ⅱ）。実務的には株券不所持申出書に株券を添えて会社に提出することになります（32頁**書式Ⅱ－②・③**参照）。

　会社は、この申出があったときは、遅滞なくその申出があった株式に係る株券を発行しない旨を株主名簿に記載しなければなりません（会217Ⅲ）。株主からの株券不所持申出により提出された株券は、会社が当該株券を発行しない旨を株主名簿に記載した時点において無効となり、これを廃棄する必要があります（会217Ⅴ）。また、不所持申出をした株主は、会社に対していつでも当該株券の再発行を請求することができます（33頁**書式Ⅱ－④**参照）。この場合に不所持申出の際に提出した株券があるときは、株券の再発行に要する費用はその株主の負担となります（会217Ⅵ）。これは、一旦発行した株券を株主の事情で廃棄し、それをまた発行するものであることから、株主負担とすべきであるとの考えからです。

　一方、新株発行等に際し株券が発行される前になされた不所持株券の発行請求の場合には、当該株券については１度も発行されていないことから、その発行費用は会社の負担となると考えられます。

４．株券の印紙税 ||||||||||||||||||||||||||||||||||||||||||||||

(1)　印紙税の計算

　株券には印紙税が課せられます（印別表第１第４号文書）。なお、前述の予備株券は株券になる前の用紙であるため、予備株券の段階では課税対象ではなく、株券として交付すると課税対象になります。

Ⅱ 株式の譲渡と株主名簿の記載の変更

　株券に係る印紙税額は、払込金額の有無により、下表の課税標準を基に算出することになります（印令24、印通別表第１第４号文書８）。

株券１枚の課税標準	印紙税額
500万円以下	200円
500万円超1,000万円以下	1,000円
1,000万円超5,000万円以下	2,000円
5,000万円超１億円以下	10,000円
１億円超	20,000円

① 払込金額がある場合

> １株当たりの払込金額×その株券の株式数＝課税標準

　例えば、１株の払込金額が1,000円とする増資を行った場合、100株券の課税標準は10万円となるので、上記の表の区分に従い、印紙税額は200円となります。同様に10,000株券の課税標準は1,000万円となるので、印紙税額は1,000円となります。

② 払込金額がない場合

> （資本金の額＋資本準備金の額）÷発行済株式総数（新たに発行する株式を含む）×その株券の株式数＝課税標準

　株式分割により発行する株券や株券の交換により予備株券から交付した場合には、払込金額がありませんので、上記算式により課税標準を算出し、上記表の区分に応じた印紙税額となります。

(2) 印紙税の納付

　印紙税は、課税文書に印紙税額に相当する金額の印紙を貼付して納付するのが原則ですが、多くの株券を発行する場合には不向きであるため、その他の方法として、書式表示による方法、税印押捺による方法、印紙税納付計器により納付印を押す方法があります。

4．株券の印紙税

■書式Ⅱ-①　株券様式

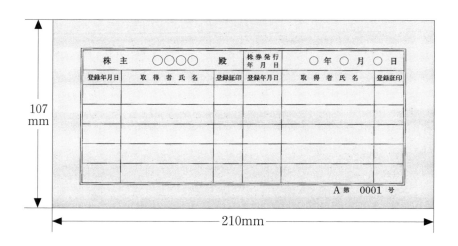

Ⅱ　株式の譲渡と株主名簿の記載の変更

■書式Ⅱ－②　発行されている株券の不所持を申し出る場合の株券不所持申出書

株　券　不　所　持　申　出　書

〇年〇月〇日

〇〇株式会社　御中

住所　神奈川県〇〇市〇〇区〇丁目〇番〇号
株主　〇〇　〇〇　　　　　　　㊞

下記の貴社株券は所持を必要としないので、株券を添えて申し出ます。

記

券　　種	記　号	番　　　号	株式種類	枚　　数
1000株券	301	1～3	普通株式	3枚
合　　　　　計				3枚

以　上

■書式Ⅱ－③　発行される前の株券について不所持を申し出る場合の株券不所持
　　　　　　申出書

株　券　不　所　持　申　出　書

〇年〇月〇日

〇〇株式会社　御中

住所　神奈川県〇〇市〇〇区〇丁目〇番〇号
株主　〇〇　〇〇　　　　　　　㊞

〇年〇月〇日発行予定の貴社募集株式3,000株（普通株式）について
は、株券の所持を必要としないので、あらかじめ申し出ます。

■書式Ⅱ-④　不所持からの株券交付請求書

株 券 交 付 請 求 書

○年○月○日

○○株式会社　御中

　　　　　　住所　神奈川県○○市○○区○丁目○番○号
　　　　　　株主　○○　○○　　　　　　　　　㊞

先に株券不所持の申出をいたしました貴社株式3,000株（普通株式）につきまして、株券の交付を請求いたします。

5．譲渡制限株式の譲渡承認手続

(1) 譲渡制限株式の概要

　会社は、その発行する全部の株式の内容として、譲渡による当該株式の取得につき会社の承認を要する旨を定めることができます（会107Ⅰ①）。そして、会社がその発行する全部または一部の株式の内容として譲渡による当該株式の取得について、当該会社の承認を要する旨の定めを設けている場合における当該株式を「譲渡制限株式」といいます（会2⑰）。なお、会社法においては、定款の定めにより、株式の種類ごとに譲渡制限株式とすることが可能です（会108Ⅰ④）。

　譲渡承認の決定は、取締役会設置会社では取締役会を原則としますが、定款で別段の定めが可能です（以下では取締役会で承認することを前提に説明します）。

Ⅱ　株式の譲渡と株主名簿の記載の変更

　会社は、譲渡制限株式についての定めを設けるときは、次の事項を定款に規定しなければなりません（会107Ⅱ①）。

---

① 　当該株式を譲渡により取得することについて当該会社の承認を要する旨
② 　一定の場合において会社が譲渡承認をしたものとみなすときは、その旨および当該一定の場合

　なお、会社が原始定款ではなく、定款変更により発行する全部の株式について譲渡制限に関する定めを設ける場合には、株式の譲渡の自由という株主の権利に非常に大きな制限を課すことになるため、株主総会において、議決権を行使することができる株主の半数以上（定款で加重可）であって、当該株主の議決権の3分の2（定款で加重可）以上にあたる多数をもって行わなければなりません（会309Ⅲ①）。

(2)　譲渡制限株式の譲渡手続

　譲渡制限株式は、株式取得者が相続等の一般承継である場合を除き、会社の承認がなければ当該株式に係る株主名簿記載事項を株主名簿に記載することを請求することができません（会134）。ただし、会社の承認なしになされた譲渡制限株式の譲渡は、会社に対しては効力を生じませんが、譲渡の当事者間では有効であるとされます。したがって、会社への譲渡制限株式の譲渡承認請求は、株主である譲渡人からでも、取得者からでも行うことができます。

　以下に、譲渡制限株式の譲渡承認手続および請求を受けた会社の対応について解説いたします。なお、全体の事務フローは41頁の図をご参照ください。

①　譲渡承認の請求および方法

ア）株主からの譲渡承認請求
　譲渡制限株式の株主は、その有する譲渡制限株式を他人（当該譲渡

制限株式を発行した会社を除きます）に譲り渡そうとするときは、当該会社に対して譲渡の承認を請求することができます（会136）。会社に対する譲渡承認請求は次の事項を明らかにして行います（会138①）（42頁**書式Ⅱ－⑤**参照）。

①	譲り渡そうとする譲渡制限株式の数（種類株式発行会社にあっては、譲渡制限株式の種類および種類ごとの数）
②	譲渡制限株式を譲り受ける者の氏名または名称
③	会社が譲渡の承認をしない場合において、当該会社または指定買取人が譲渡制限株式を買い取ることを請求するときは、その旨

イ）株式取得者からの譲渡承認請求

　譲渡制限株式を取得した株式取得者は、会社に対して当該譲渡制限株式の取得の承認を請求することができます（会137Ⅰ）。そして、この請求は利害関係人の利益を害するおそれがないものとして法務省令（会規24）で定める場合を除き、その取得した株式の株主として株主名簿に記載された者またはその相続人その他の一般承継人と共同してしなければなりません（会137Ⅱ）。

　なお、利害関係人の利益を害するおそれがないものとして法務省令で定められたものは以下のとおりです（会規24）。この場合には、取得者が単独で譲渡承認請求をすることができます。

＊株券不発行会社の場合

①	株式取得者が株主名簿上の株主またはその一般承継人に対して譲渡承認請求をすべきことを命じる確定判決を得た場合で、当該確定判決の内容を証する書面等を提出した場合
②	株式取得者が前記①の確定判決と同一の効力を有する資料を提出した場合
③	株式取得者が当該株式を競売により取得した場合にそのことを証する書面等を提出した場合
④	株式取得者が組織変更株式交換により当該会社の株式の全部を取得したとき
⑤	株式取得者が株式移転（組織変更株式移転を含みます）により、当

Ⅱ　株式の譲渡と株主名簿の記載の変更

該会社の発行済株式の全部を取得した場合
⑥　株式取得者が当該株式を所在不明株主の株式売却制度により取得し、代金の払込を完了したことを証する書面を提出したとき
⑦　株式取得者が株券喪失登録者である場合において、当該株式取得者が株券喪失登録日の翌日から起算して1年を経過した日以降に、請求したとき（株券喪失登録が当該日前に抹消された場合を除きます）
⑧　株式取得者が1株に満たない端数処理の売却に係る株式を取得した場合で、当該売却に係る代金の全部を支払ったことを証する書面その他の資料を提供して請求したとき

＊株券発行会社の場合

①　株式取得者が株券を提示して請求した場合
②　株券不発行会社の場合の④⑤⑥⑧の場合

　そして、株式取得者の会社に対する譲渡承認請求は次の事項を明らかにして行います（会138②）。

①　請求する株式取得者の取得した譲渡制限株式の数（種類株式発行会社にあっては、譲渡制限株式の種類および種類ごとの数）
②　株式取得者の氏名または名称
③　会社が譲渡の承認をしない場合において、当該会社または指定買取人が譲渡制限株式を買い取ることを請求するときは、その旨

②　譲渡承認の決定

　会社は前記①の譲渡承認請求を受けた後、定款に別段の定めがある場合を除き、取締役会にて譲渡を承認すべきか否かを決定しなければなりません（43頁**書式Ⅱ-⑥・⑦**、44頁**書式Ⅱ-⑧**参照）。また、会社は当該決定の内容について譲渡承認請求をした者に対して通知しなければなりません（会139）（45頁**書式Ⅱ-⑨**参照）。なお、会社が譲渡承認請求を受けた日から2週間（定款で短縮可）以内に通知をしなかったときには、譲渡の承認の決定をしたものとみなされます（会145①）。

5．譲渡制限株式の譲渡承認手続

③　会社または指定買取人による買取り

　譲渡承認請求者は会社に対して譲渡承認請求の際に、会社が譲渡承認をしない場合には、会社または会社の指定する者（指定買取人）が、当該株式を買い取ることを請求することができます（会138①ハ・同②ハ）。会社はその旨の請求を受けて、譲渡承認をしない決定をした場合には、以下の場合に応じて所定の手続を進めなければなりません。

ア）会社による買取りの場合

　会社による買取りの請求を受けた場合には、会社が譲渡承認請求者に対して、譲渡を承認しない旨の通知をした日から40日（定款で短縮可）以内に会社による買取り等の通知をしなかった場合、譲渡を承認する旨の決定を行ったものとみなされます（会145②）。

　会社が買い取る場合には、株主総会で次の事項を決議します。

①	当該譲渡承認請求に係る株式を買い取る旨
②	会社が買い取る株式の数（種類株式発行会社にあっては、買い取る株式の種類および種類ごとの数）

　この総会決議は特別決議となり、譲渡承認請求者は当該総会において議決権を行使することができません（会140Ⅰ～Ⅲ・309Ⅱ①）。また、これは自己株式取得に該当しますので、取得については分配可能額の範囲内という財源規制の適用を受けることになります（会461Ⅰ①・465Ⅰ①）。

　会社は株主総会の決議により前記①・②を決定したときは、譲渡承認請求者に対してこれらの事項を通知しなければなりません（会141Ⅰ）が、その通知に際しては法務省令で定める方法により算定された1株当たりの純資産額（会規25）に、会社が買い取る株式の数を乗じた額をその本店の所在地を管轄する供託所に供託し、かつ、当該供託を証する書面を譲渡承認請求者に交付しなければなりません（会141

Ⅱ）。そして、対象株式が株券発行会社の株式である場合には、供託
を証する書面の交付を受けた譲渡承認請求者は、当該交付を受けた日
から1週間以内に、対象株式に係る株券を当該株券発行会社の本店の
所在地を管轄する供託所に供託しなければなりません（会141Ⅲ）。そ
の際に、譲渡承認請求者は当該株券発行会社に対して、遅滞なく、当
該供託をした旨を通知することが必要です。

　なお、譲渡承認請求者がその期間内に供託をしなかったときは、株
券発行会社は対象となった株式の売買契約を解除することができます
（会141Ⅳ）。

イ）指定買取人による買取りの場合

　指定買取人による買取りの請求を受けた場合には、会社は取締役会
決議で指定買取人を指定することができます（会140Ⅳ・Ⅴ）。そし
て、指定買取人は当該指定を受けたときは、次の事項を譲渡承認請求
者に通知しなければなりません（会142Ⅰ）。なお、会社が譲渡承認請
求者に対して、譲渡を承認しない旨の通知をした日から10日（定款で
短縮可）以内に指定買取人による買取り等の通知をしなかった場合
に、譲渡を承認する旨の決定を行ったものとみなされます（会145
②）。

---

① 指定買取人として指定を受けた旨
② 指定買取人が買い取る株式の数（種類株式発行会社にあっては、買
い取る株式の種類および種類ごとの数）

　指定買取人はその通知に際しては法務省令で定める方法により算定
された1株当たりの純資産額（会規25）に、指定買取人が買い取る株
式の数を乗じた額をその会社の本店の所在地を管轄する供託所に供託
し、かつ、当該供託を証する書面を譲渡承認請求者に交付しなければ
なりません（会142Ⅱ）。

　そして、対象株式が株券発行会社の株式である場合には、供託を証
する書面の交付を受けた譲渡承認請求者は、当該交付を受けた日から

1週間以内に、対象株式に係る株券を当該株券発行会社の本店の所在地を管轄する供託所に供託しなければなりません（会142Ⅲ）。その際に、譲渡承認請求者は指定買取人に対して、遅滞なく、当該供託をした旨を通知することが必要です。

なお、譲渡承認請求者がその期間内に供託をしなかったときは、指定買取人は対象となった株式の売買契約を解除することができます（会142Ⅳ）。

④　譲渡承認請求の撤回

会社または指定買取人が譲渡承認請求者に対して対象株式を買い取る旨の通知をすることにより、当然に会社または指定買取人と譲渡承認請求者との間に対象株式についての売買契約が成立します。したがって、以後、譲渡承認請求者の方から一方的にその請求を撤回することはできず、会社または指定買取請求人が承諾をした場合に限りその請求を撤回することができます（会143）。

⑤　売買価格の決定

前記③の買取り等の通知から供託手続以降、会社または指定買取人と譲渡承認請求者とは、協議によってその売買価格を定めることになります（会144Ⅰ・Ⅶ）。そして、その協議が整わないときは、会社または指定買取人からの通知があった日から20日以内に、当事者は裁判所に対して、売買価格の決定の申立をすることができます（会144Ⅱ・Ⅶ）。

裁判所は申立があった場合には、譲渡承認請求の時における会社の資産状態その他一切の事情を考慮して売買価格を決定し、その裁判所の決定価格をもって対象株式の売買価格となります（会144Ⅲ・Ⅳ・Ⅶ）。

なお、裁判所への価格決定の申立がないにもかかわらず、価格の協議が整わなかった場合には、会社または指定買取人の供託額が売買価格となります（会144Ⅴ・Ⅶ）。

II　株式の譲渡と株主名簿の記載の変更

　また、対象株式の売買価格が確定したときに、会社または指定買受人は、供託した金額を限度として、売買代金の全部または一部を支払ったものとみなされます（会144Ⅵ・Ⅶ）。

5. 譲渡制限株式の譲渡承認手続

●譲渡承認請求フロー図

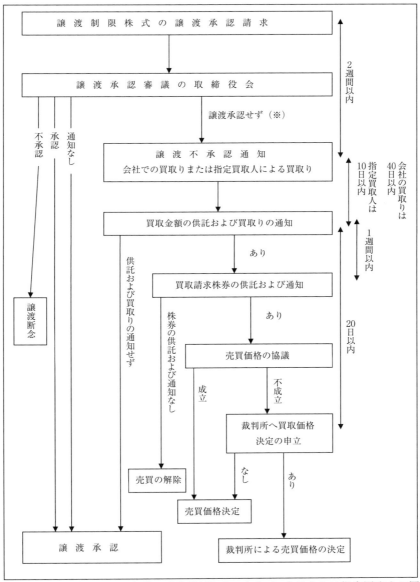

(※) 譲渡承認請求の際に会社が譲渡承認しないときは、会社または指定買取人が買い取るべきことを請求した場合

Ⅱ 株式の譲渡と株主名簿の記載の変更

■書式Ⅱ－⑤　株式譲渡承認請求書

株式譲渡承認請求書

年　　月　　日

○○○○株式会社

代表取締役　○○○○　殿

　　　　　　　住　所　神奈川県○○市○○区○○町○丁目○番○号
　　　　　　　株主名　○　○　　○　○　　　　　　　　　　㊞

　貴社株式について下記のとおり譲渡いたしたく、譲渡の承認を請求
いたします。なお、承認いただけない場合は、他に譲渡の相手方を指
定してください。

記

　　　譲渡株式数　　　5,000株
　　　譲渡の相手方　　住所：東京都○○区○○○丁目○番○号
　　　　　　　　　　　氏名：○○　○○

以　　上

5．譲渡制限株式の譲渡承認手続

■書式Ⅱ－⑥　取締役会議事録例（特定の者に対する譲渡についての承認請求があった場合）

第○号議案　当社株式の譲渡承認請求の件
　議長から、当社の株主である○○○○氏より、下記のとおり、当社株式を譲渡することについて承認の請求があった旨説明があり、その賛否を諮ったところ、出席取締役全員異議なくこれを承認した。
記

1．譲渡人（株主）
　　神奈川県○○市○○区○○町○丁目○番○号
　　○○　○○
2．譲受人
　　東京都○○区○○○丁目○番○号
　　○○　○○
3．譲渡株式の種類および数
　　普通株式　5,000株

■書式Ⅱ－⑦　取締役会議事録例（譲渡について承認が得られなかったときは、会社が買い取る旨の請求があった場合）

第○号議案　当社株式の譲渡承認請求の件
　議長から、当社の株主である○○○○氏より、下記のとおり、当社株式を譲渡することについて承認の請求があり、併せて譲渡が承認されなかった場合は当社が当該株式を買い取るよう請求があった旨説明があった。慎重に審議した後、議長が本件譲渡の承認について賛否を諮ったところ、反対多数をもって譲渡の承認を否決した。
記

1．譲渡人（株主）
　　神奈川県○○市○○区○○町○丁目○番○号
　　○○　○○
2．譲受人
　　東京都○○区○○○丁目○番○号
　　○○　○○
3．譲渡株式の種類および数
　　普通株式　5,000株

　続いて議長から、上記株式の譲渡を承認しないことを決したので、株主総会決議を経ることを条件として、当社が上記3．の株式を買い取ることとしたい旨を述べ、賛否を諮ったところ出席取締役全員異議なく、これを承認可決した。

Ⅱ　株式の譲渡と株主名簿の記載の変更

■書式Ⅱ-⑧　取締役会議事録例（株式の取得について承認が得られなかったときは、買取人を指定するよう請求があった場合）

第〇号議案　当社株式の取得承認請求の件
　議長から、当社株式の取得者より、当該株式の株主名簿上の株主と共同で、下記のとおり、当社株式を取得したことについて承認の請求があり、併せて取得が承認されなかった場合は買取りの相手方を指定するよう請求があった旨説明があった。慎重に審議した後、議長が本件取得の承認について賛否を諮ったところ、反対多数をもって取得の承認を否決した。
記

１．株式取得者
　　神奈川県〇〇市〇〇区〇〇町〇丁目〇番〇号
　　〇〇　〇〇

２．取得した株式の株主名簿上の株主
　　東京都〇〇区〇〇〇丁目〇番〇号
　　〇〇　〇〇

３．取得した株式の種類および数
　　普通株式　5,000株

　続いて議長から、上記株式の取得を承認しないことを決したので、買取人として下記の者を指定したい旨を述べ、賛否を諮ったところ出席取締役全員異議なく、これを承認可決した。
記

　指定買取人
　　東京都〇〇区〇〇〇丁目〇番〇号
　　〇〇　〇〇

5．譲渡制限株式の譲渡承認手続

■書式Ⅱ-⑨　株式譲渡承認書

株式譲渡承認書

年　　月　　日

株主　　　　　　　　殿

〇〇〇〇株式会社
取締役社長　〇〇　〇〇

　　　年　　月　　日付株式譲渡承認請求による株式の譲渡について、当社取締役会は下記のとおり承認いたしました。

記

　　譲渡株式数　　　　5,000株
　　譲渡の相手方　　　住所：東京都〇〇区〇〇〇丁目〇番〇号
　　　　　　　　　　　氏名：〇〇　〇〇

以上

II 株式の譲渡と株主名簿の記載の変更

6. 名義書換手続 ||||||||||||||||||||||||||||||||||||||||||||||

　譲渡制限会社の株式は、当該株式取得者が相続その他一般承継により取得した場合を除き、株式の譲渡につき会社が事前または事後に承認された場合、株式取得者が会社法140条4項の指定買取人である場合にのみ、名義書換を請求することができます（会134）。

　したがって、譲渡制限会社は、株式取得者から名義書換請求があった場合には、当該取得者が譲渡を会社が承認した者であるかどうかを確認する必要があります。

(1) 株券発行会社の名義書換

① 通常の名義書換

　株式の譲渡は、その株式を取得した者の氏名または名称および住所を株主名簿に記載しなければ、会社に対抗することはできません（会130）。株券発行会社の場合、株式を取得した者はその株券を会社に提示して、その氏名または名称および住所を株主名簿に記載することを請求できます（会133、会規22Ⅱ）。株主名簿に株式を取得した者への名義書換がなされることによって、その株式の取得者は株主総会での議決権の行使や配当金の受領が可能となります。名義書換請求は株式名義書換請求書（兼株主票）（49頁**書式Ⅱ－⑩参照**）に株券を提示して行います。また、会社は定款や株式取扱規程（則）などにより、株主に印鑑の届出を義務付けています。届出の印鑑（株主票）を管理することにより、その後の株主としての本人確認を行います。したがって、住所変更などの諸届や法定書類の閲覧請求、提案権などの株主権の行使に際して、本人確認として届出の印鑑の押印が必要となります。

46

6．名義書換手続

　なお、株券の占有者はその株式に係る権利を適法に有するものと推定されます（会131 I）。したがって、名義書換請求者が株券を提示した場合は、仮に名義書換請求者が無権利者であったとしても、会社は名義書換請求者が無権利者であったことについて、悪意または重大な過失がない限り、名義書換に応じても免責されます。

② 特殊な名義書換

　名義書換に際し、名義書換請求人が相続等の譲渡以外の理由によって株式を取得したものである場合には、その取得を証明する書面の提出を求めることとしています。

　相続等による名義書換の場合には、次の証明書などの提出を求めることになります。

---

① 被相続人が死亡したことおよび法定相続人を確認するための戸籍謄本
② 名義書換請求人が当該株式を相続したことを確認するための資料（共同相続人同意書（50頁**書式Ⅱ－⑪**参照）、遺産分割協議書、家庭裁判所の審判書等）
③ 相続人全員の印鑑証明書
④ 合併等の場合には、承継法人の登記事項証明書

◇株式実務Q&A ④◇

Q　親族が亡くなったため、相続人から株券をどうすればよいのか問い合わせがあったら？

A　相続の手続が必要となります。相続の手続には、共同相続人同意書または遺産分割協議書等（株式が誰に相続されたかわかるもの）、戸籍謄本、印鑑証明書、名義書換請求書、印鑑票（株主票）、株券（発行されていない場合は不要です）を提出してもらいます。各書類等を審査のうえ、当該株券の相続人に名義書換を行い株主名簿に記載します。

47

(2) 株券不発行会社の名義書換

　株券不発行会社の名義書換は、原則として株式取得者と株主名簿上の株主またはその相続人その他の一般承継者と共同で行わなければなりません（会133Ⅱ）（51頁**書式Ⅱ－⑫**参照）。ただし、確定判決を得た場合や一般承継により株式を取得した場合で一般承継を証する書面を提出した場合など、利害関係人を害するおそれがないものとして法務省令で定める場合は、共同による書換請求の対象外となります（会133Ⅱ、会規22Ⅰ）。

　なお、株券不発行会社においても相続などの特殊な名義書換での提出書類は、株券発行会社の場合と同様です（47頁**6.**(1)②参照）。

─── ◇**株式実務 Q&A ⑤**◇ ───

Q　　相続人が株券を取得するのを拒むことができるか？

A　　相続人は、相続開始の時（民882）から、被相続人の財産に属した一切の権利義務を承継します（民896）。したがって、売買等の特定承継の場合と異なり、譲渡制限株式であっても会社の承認は不要であり、相続人が被相続人の株式に係る権利を取得します。また、株式の取得者が相続その他の一般承継により譲渡制限株式を取得した者の場合は、会社に対して名義書換請求をすることができる（会134④・133）ため、会社はそれを拒むことはできないと考えられます。

　　ただし、相続による名義書換請求については、相続人が複数存在する場合等、各相続人の承継分が明確となるように相続に係る証明書類等、所定の書類の提出を求め対応することとなります。

　　なお、会社は、相続により、会社にとって好ましくない者が株主とならないよう、定款に相続その他の一般承継により株式（譲渡制限株式に限られます）を取得した者に対し、当該株式を会社に売り渡すことを請求することができる旨を定めることができます（会174）。当該定款規定がある場合は、相続人に対し所定の手続により売り渡し請求をすることができます（会175ないし177）。

6．名義書換手続

■書式Ⅱ－⑩　株式名義書換請求書（兼株主票）（株券発行会社用）

ご注意　1．現在既に株主の方は株主登録されている印を使用してください。
　　　　2．単元株制度採用会社の場合、ご提出の単元未満株券を単元株券に併合せずにそのまま返却することをご希望の方はご指示欄に○印で表示してください。○印のないときは単元株券に併合の取扱いとし、この場合、単元未満株券が丁度単元株式数にまとまらないで単元株式数を超過するときは、その超過部分については不発行株式として株主名簿に登録させていただきます。

株式名義書換請求書（兼株主票）

年　　　　月　　　　日

会社名		御中

名義書換請求総株式数				株

上記の貴社株式につき株券を添えて名義書換を請求します。

（捨　印）

指示欄　| 単元未満株券は併合せずにそのまま返却を希望 | |

届　出　印	郵便番号	－	電話番号	－	－
	住所				
	氏名	（フリガナ）			

49

II 株式の譲渡と株主名簿の記載の変更

■書式 II −⑪ 共同相続人同意書

共同相続人同意書

年　　月　　日

○○○○株式会社　御中

被相続人（お亡くなりになられた株主様）のご所有株式の内容

お届出ご住所		
お届出ご名義	ご所有株式総数	株
	うち登録株式数	（　　　　　株）
	うち不所持株式数	（　　　　　株）

私達相続人は、被相続人＿＿＿＿＿＿＿＿＿が＿＿＿＿＿年＿＿月＿＿日
に死亡したので、被相続人が所有していた上記株式を下記のとおり相続する
ことに同意いたしました。おって、後日他より異議申出があった場合は、共
同相続人全員が連帯して一切の責に任じます。

共同相続人（全員）および各人が相続する株式数（相続されない方は０株と
ご記入ください。）

ご住所				
（フリガナ） お名前		続柄	実印	相続株式数 株
ご住所				
（フリガナ） お名前		続柄	実印	相続株式数 株
ご住所				
（フリガナ） お名前		続柄	実印	相続株式数 株
ご住所				
（フリガナ） お名前		続柄	実印	相続株式数 株

6．名義書換手続

■書式Ⅱ—⑫　株式名義書換請求書（株券不発行会社用）

株式名義書換請求書

○○株式会社　　　御中　　　　　　　　　　　　○年○月○日

名義書換請求総株式数	○，○○○株

　上記の貴社株式につき、（※　共同して　・　単独で　）名義書換を請求します。

（※：どちらかに○印をしてください。）

株　主	住所　〒×××－×××× 氏名　○○　○○	お届出印

株式取得者	住所　〒×××－×××× 氏名　○○　○○	お届出印

ご注意
1．現在株主（株主欄）には、株主名簿記載の住所および氏名を記入して、お届出の印鑑を押印してください。
　　お届出の印鑑が押印できない場合（紛失等）は、実印を押印のうえ、印鑑証明書を添えてください。
2．株式取得者が新規に株主になられる場合は、株主票（印鑑票）を添えてください。
3．株式取得者が現在既に株主の場合は、株主名簿記載の住所および氏名を記載して、お届出の印鑑を押印してください。
4．単独請求の場合（相続・確定判決等による場合）、株主欄は現在株主の住所・氏名のみご記入ください。
　　お届出印の押印は必要ありません。

Ⅱ　株式の譲渡と株主名簿の記載の変更

7．諸　届 ‖‖‖

　株主が住所や氏名等、会社への届出事項を変更したときは、会社に対してその旨を届けなければなりません。定款や株式取扱規程（則）にその手続について定めることが一般的です。これは、株主名簿に記載された事項について変更が生じた場合には、速やかに届け出てもらい、会社からの通知等に支障をきたさないようにするために必要な手続となります。

　なお、実務的には変更内容を記載した変更届（53頁**書式Ⅱ－⑬**参照）に必要書類を添付して提出してもらいます。変更届には届出印を押印してもらい、本人確認を行います。また、必要に応じて株券も提出してもらいます。

　具体的な変更事項は次のとおりです。

①	届出印	④	氏名
②	住所または住居表示	⑤	商号
③	法人等の代表者または代表役職者名	⑥	その他

◇株式実務 Q&A ⑥◇

Q　法人の代表者や商号が変更した場合には、どのように手続したらよいか？

A　株主は、会社所定の変更届（53頁書式Ⅱ－⑬参照）に必要事項を記入、届出印押印のうえ、代表者の変更の場合は、新代表者の印鑑票、登記事項証明書とともに、商号変更の場合には、新商号の印鑑票、登記事項証明書、株券（発行されていない場合は不要です）とともに、会社に提出します。なお、株券の裏書（名義人欄）については、法人株主の場合には法人名（商号）のみ記載されているのが一般的であるため、代表者変更の場合には株券の裏書の変更を要しないため株券の提出は不要となります。

7．諸　届

■書式Ⅱ－⑬　変更届

変　更　届

○年○月○日

○○○○株式会社　御中

（変更後の内容）

　　　　　　　　住所　〒×××－××××
　　　　　　　　　　　東京都○○区○○○丁目○番○号
　　　　　　　　氏名　○○　　○○

お届出印
（改印の場合は新届出印）

下記事項を変更しますので必要書類を添えてお届けします。

１．変更事項（該当番号を○で囲んでください。）

①届出印　　②住所または住居表示　　③法人等の代表者または代表役職者名
④姓・名　　⑤商号　　　　　　　　　⑥その他（　　　　　　　　　　　　）

２．変更前の内容

※変更された項目の旧お届出内容をご記入ください。 旧住所 〒×××－×××× 神奈川県○○市○○区○○町○丁目○番○号 （改印の場合は旧届出印）

３．変更に伴う提出株券（変更事項③④⑤⑥で株券がある場合にご記入ください）

株券株数	株

53

Ⅲ 株主名簿の確定と権利行使

1. 株主名簿の確定
2. 株主総会関係事務および配当金関係事務
3. 所在不明株主の株式売却制度

Ⅲ　株主名簿の確定と権利行使

1. 株主名簿の確定 ||||||||||||||||||||||||||||||||||||||||||||

(1)　基準日制度

　会社は、株主総会で議決権を行使することができる者や配当金を受領する者を確定するため、一定の日を「基準日」と定めて、その日現在の株主名簿に記載のある株主を、権利を行使することができる者と定めることができます（会124）。これを「基準日制度」といいます。

　株主総会で議決権を行使できる株主や配当金を受領できる株主は、本来、権利行使時の株主、すなわち、株主総会日あるいは配当金の効力発生日の株主ということになります。しかし、実際の権利行使に先立って、議決権を行使できる者やその議決権数を確定して株主総会の招集通知の送付を行い、また、配当金の計算を行う等、事前の準備作業が必要となります。したがって、権利行使時の株主に権利行使させるのは事実上不可能であるため、一般的に基準日制度が活用され、会社は、この基準日をもって株主名簿を確定し、その日現在の株主名簿上の株主に権利を行使させることになります。

　会社が基準日を定める場合は、その基準日の株主が行使することができる権利（基準日から3か月以内に行使するものに限ります）の内容を定めなければならず（会124Ⅱ）、基準日の2週間前までに当該基準日および権利の内容を公告しなければなりません（会124Ⅲ）。ただし、定款に基準日およびその内容が定めてあるときは公告する必要はありません（会124Ⅲ但書）。定時株主総会ではその事業年度に係る計算書類の報告や剰余金の配当を決議することから、定時株主総会の議決権の基準日は事業年度末日（決算期）とし、その旨および剰余金の配当の基準日についても定款に定めて、公告は行わないのが一般的です（57頁**書式Ⅲ－①**参照）。ただし、臨時株主総会や臨時に基準日を

56

定めて剰余金の配当を行う場合には、その旨の定款規定がないことから、取締役会決議により基準日を定めて公告する必要があります（**書式Ⅲ－②**、58頁**書式Ⅲ－③**参照）。

　なお、従前、権利を行使すべき株主を確定するため一定期間株主名簿の記載の変更を停止する株主名簿閉鎖制度がありましたが、平成16年の商法改正により廃止されています。

■書式Ⅲ－①　基準日に係る定款規定例

（定時株主総会の基準日）
第○条　当会社の定時株主総会の議決権の基準日は、毎年3月31日とする。

（剰余金の配当の基準日）
第○条　当会社の期末配当の基準日は、毎年3月31日とする。
　　　2．前項のほか、基準日を定めて剰余金の配当をすることができる。

（中間配当）
第○条　当会社は、取締役会の決議によって、毎年9月30日を基準日として中間配当を行うことができる。

■書式Ⅲ－②　基準日設定の取締役会議事録例

第○号議案　臨時株主総会に出席できる株主確定のため基準日設定の件
　議長は、○○年○○月○○日開催予定の臨時株主総会に出席できる株主を確定するため、○○年○○月○○日を基準日と定め、同日最終の株主名簿に記載または記録された株主をもって議決権を行使できる株主とする旨を述べ、賛否を諮ったところ、出席取締役は全員異議なくこれを承認可決した。

Ⅲ　株主名簿の確定と権利行使

■書式Ⅲ－③　基準日公告例（臨時株主総会
　　　　　　　に係る基準日設定）（官報）

基準日設定につき通知公告

　当社は、令和○年○月○○○日を基準日と
定め、同日最終の株主名簿上の株主をもって、
令和○年○月○○○日開催予定の臨時株主総
会における議決権を行使できる株主と定めまし
たので公告します。

　令和○年○月○○日

　東京都○○区○○町○丁目○番○○号
　　　　　　　　　○○○○株式会社
　　　　　　代表取締役　○○　○○

◇株式実務 Q&A ⑦◇

Q　　早急に臨時株主総会を開催する必要があるときに基準日を設け
なくてよいか？

A　　株主総会で議決権を行使できる株主は、本来、権利行使時の株
主、すなわち、株主総会日の株主ですので、必ずしも基準日を設
ける必要はありません。

　　しかし、実際には、株主総会に先立って、議決権を行使できる
株主を確定して、招集通知の送付を行う等の事前の準備作業が必
要となります。したがって、一般的には、定款にも臨時株主総会
を開催する等により、臨時に基準日を設ける場合には、公告する
旨を規定しています。

　　ただし、譲渡制限規定があり、株主も知れたる者で構成され、
株主の異動がないような場合、すなわち、基準日を設けた場合の
当該基準日と株主総会日との株主が同一である場合には、基準日
を設ける必要はありません。

(2) 株主総会における議決権行使権者

　会社は、株主総会に際して定款に定めた基準日または別途基準日を設定して、その日現在の株主名簿に記載のある株主に議決権を与えることになります。

　ただし、基準日現在の株主のうち、議決権を有する株主のみが株主総会において議決権を行使することができ、株主総会の招集の対象となることから、議決権を有する株主を確定する際には、会社法上、以下のような議決権を有しないものについては除き、議決権を行使できる株主およびその議決権数を確定することになります。

●議決権を行使することができないもの

①　議決権制限株式（議決権を行使することができない事項に限る）（会108Ⅰ③）
②　単元株制度採用会社における単元未満株式のみを有する株主（会189Ⅰ）
③　他人名義株券の喪失登録株主（会230Ⅲ）
④　相互保有株式（会308Ⅰ）
⑤　会社が保有する自己株式（会308Ⅱ）
⑥　譲渡制限会社において、譲渡承認請求があった際に、その譲渡を承認せず会社が買い取る場合の総会決議における譲渡等承認請求者（会140Ⅲ）
⑦　株主総会決議によって特定の株主から自己株式を取得する場合の当該特定の株主（会160Ⅳ）
⑧　譲渡制限株式につき、相続その他一般承継により株式を取得した者に対し、当該株式を会社に売り渡すことを請求できる旨の定款規定がある会社において、会社が株式取得者に対し売渡請求を行う場合の総会決議における当該株式取得者（会175Ⅱ）

　なお、基準日制度においては、原則として基準日後に株式を取得した者には議決権がありませんが、会社は、基準日後に株式を取得した者の全部または一部について議決権を行使することができる者と定め

ることができます（会124Ⅳ）。ただし、基準日現在の株主の権利を害
することがない限りにおいて認められます（会124Ⅳ但書）。これは、
基準日後を期日とする合併や株式交換が行われ、相手方の株主に合併
新株等を発行した場合に、株主総会で議決権を行使すべきではないか
との実務上の要請により会社法において規定されたものです。

(3) 配当金の受領権者

　配当金を受領できる者については、前記のように、あらかじめ定款
で剰余金の配当や中間配当の基準日を規定し、当該基準日現在の株主
名簿に記載された株主もしくは登録株式質権者に対して支払う会社が
一般的です。なお、定款に規定のない任意の日を基準日と定め、剰余
金の配当を行う場合には、前記のとおり基準日の2週間前までに公告
が必要となります。

　登録株式質権者とは、質権設定者の請求により質権者の氏名または
名称、住所および質権の目的である株式を株主名簿に登録した場合の
質権者のことで、会社から直接配当の支払いその他を受け弁済等に充
てることができるとされています（会148・154Ⅰ）。なお、株式質入
れの効果は、議決権には及ばないため、株式登録質権者を議決権行使
者として取り扱うことはできません。

　また、会社が有する自己株式については、配当を行うことはできま
せん（会453）。

2．株主総会関係事務および配当金関係事務 ⅠⅠⅠⅠⅠⅠⅠⅠⅠ

　株主の権利行使について、以下に、株主総会関係事務と配当金関係
事務につき解説します。

2．株主総会関係事務および配当金関係事務

(1) 株主総会関係事務

① 株主総会とは

　株主総会とは、出資者である株主が会社の基本的事項について決定する機関です。株式には１株につき１議決権（単元株制度採用会社は１単元につき１議決権）が与えられ（会308Ⅰ）、議決権の多数により株主総会に付議された議案が可決されます。

　譲渡制限会社では、しばしば出資者が自ら経営者であり、出資者の経営参加を確保する必要が認められるため、取締役会を置かない機関設計も可能となります。その場合には、会社の組織、運営、管理その他会社に関する一切の事項、すなわち何でも株主総会で決議することができると規定されています（会295Ⅰ）。

　これに対し、広く出資を募ることを想定した場合、直接経営に携わることを望まない者や必ずしも経営の専門者ではない者も考えられるため、公開会社には必ず取締役会を置くものとし（会327Ⅰ）、取締役会設置会社では業務執行の決定を取締役会の権限として専門的な意思決定を行わせるとともに、株主総会は会社の基本的事項である会社法に規定する事項および定款で定める事項に限り決議することができるとされています（会295Ⅱ）。

② 定時株主総会と臨時株主総会

　株主総会には定時株主総会と臨時株主総会があります。定時株主総会は、毎事業年度の終了後一定の時期に招集しなければならず、当該事業年度の計算書類（貸借対照表、損益計算書、株主資本等変動計算書および個別注記表）の承認と事業報告の内容の報告が行われます（会438。計算書類については、会計監査人設置会社においては適正監査の場合に報告事項とされます）。

　さらに、事業年度の末日において大会社かつ有価証券報告書提出会

社は、連結計算書類を作成し、定時株主総会にその内容および監査結果を報告しなければなりません（会444）。

　その他、定時株主総会の機会に、剰余金の配当、取締役・監査役の選任や役員人事に関連する退職慰労金、役員報酬額改定、ストックオプション、定款変更等の議案が必要に応じて上程されます。

　臨時株主総会は、時期的に定時株主総会の機会に上程することができなかった総会決議事項が生じた場合に開催されます。

③　株主総会の決議要件

　株主総会の決議要件は、ア）普通決議、イ）特別決議、ウ）その他の特殊な決議の３種に大別できます。

ア）普通決議

　会社法または定款に決議要件として別段の定めがない場合の決議は、議決権を行使することができる株主の議決権の過半数を有する株主が出席し、出席した当該株主の議決権の過半数をもって行います（会309Ⅰ）。定款で別段の定めができることから、多くの会社は定款で「株主の議決権の過半数を有する株主が出席し」という定足数の部分を排除し、単に出席株主の議決権の過半数で決議する旨規定しています（**書式Ⅲ－④参照**）。ただし、取締役・会計参与・監査役の選任決議または取締役・会計参与の解任決議においては、定款の定めによっても定足数を総株主の議決権の３分の１未満とすることはできず（会341）、決議要件も原則出席株主の議決権の過半数ですが、過半数を上回る割合を定款で定めることができます。

　普通決議で決議できる事項は、剰余金の配当、取締役・監査役・会計参与・会計監査人の選任、取締役・監査役・会計参与の報酬額の決定、計算書類の承認（会計監査人設置会社で報告事項となる場合を除きます）等です。

2．株主総会関係事務および配当金関係事務

イ）特別決議

　特別決議は、株主総会において議決権を行使することができる株主の議決権の過半数を有する株主が出席し、出席した当該株主の議決権の3分の2以上に当たる多数をもって行われます（会309Ⅱ）。この定足数は、定款により総株主の議決権の3分の1まで引き下げることが認められ（**書式Ⅲ－④参照**）、決議要件についても定款に定めることにより3分の2を上回る割合を定めることができます。

　特別決議を要する事項は、会社法第309条第2項に列挙されており、主な事項は定款変更、会社再編（合併・会社分割・株式交換・株式移転）、新株発行または自己株式処分に関する募集決議（公開会社においては有利な金額の場合のみ）、資本減少、株式併合などです。

ウ）その他の特殊な決議

　譲渡制限規定の新設など会社法第309条第3項に掲げる株主総会決議は、株主総会において議決権を行使することができる株主の半数以上であって、当該株主の議決権の3分の2以上に当たる多数をもって行います（会309Ⅲ）。決議要件に議決権だけでなく株主数が加えられています。この株主数要件と議決権要件は、これを上回る割合を定款で定めることができます。

■**書式Ⅲ－④　一般的な株主総会の決議の方法に係る定款規定例**

（決議の方法）

第○条　株主総会の決議は、法令または本定款に別段の定めがある場合を除き、出席した議決権を行使することができる株主の議決権の過半数をもって行う。

　2．会社法第309条第2項に定める決議は、議決権を行使することができる株主の議決権の3分の1以上を有する株主が出席し、その議決権の3分の2以上をもって行う。

Ⅲ　株主名簿の確定と権利行使

④　定時株主総会の標準日程

　　定時株主総会を招集するには、事業報告や計算書類等の作成および監査手続、株主宛各種書類の作成・発送、配当金の支払手続等、多岐にわたる事務が発生します。また、これらの事務手続には日程の法的制約があるため、定時株主総会を適法・円滑に行うためには、一連の日程管理が重要となります。

　　以下に3月決算会社が定時株主総会を招集する場合の標準的な日程例および決算取締役会議事録例を示します。

●2025年6月19日（木）を株主総会開催日とした場合の日程例
　（譲渡制限会社、取締役会・監査役設置会社、会計監査人非設置会社）

日　付	主　要　項　目
3月14日（金）	基準日公告 （会124Ⅲ。基準日の2週間前まで、定款規定があれば不要）
3月31日（月）	基準日 （会124Ⅰ。議決権・配当金の基準日）
4月上旬	株主名簿確定
4月22日（火）	計算書類等の提出 （会436Ⅱ。取締役は事業報告・同附属明細書、計算書類・同附属明細書を監査役に提出、提出時期に関する法令上の規定はないが、後続の監査日程等を考慮して決定する）
4月24日（木）	株主提案権行使期限 （会303・305。原則、株主総会日の8週間前）
5月9日（金）	特定監査役は事業報告・同附属明細書、計算書類・同附属明細書の監査報告の内容を特定取締役に通知 （会規132Ⅰ、会計規124Ⅰ①。事業報告等を受領した日（4月22日）から4週間経過した日（5月21日）まで）

2．株主総会関係事務および配当金関係事務

5月13日（火）	決算取締役会 （会436Ⅲ・298、会規63・93。計算書類・事業報告・これらの附属明細書の承認と定時株主総会招集事項および付議議案を決定する）
6月4日（水）	招集通知・委任状発送 （会299。総会日（6月19日）の2週間前まで、譲渡制限会社は総会日の1週間前（6月11日）まで） 計算書類、事業報告、これらの附属明細書、監査報告（各監査役の監査報告を含む）を本店・支店（写し）に備置 （会442Ⅰ・Ⅱ。総会日（6月19日）の2週間前）
6月19日（木）	定時株主総会開催日 （会124Ⅱ。基準日から3か月以内） 決議通知（任意）・配当金関係書類発送
6月20日（金）	配当金支払効力発生日 （会124Ⅱ。基準日から3か月以内、株主総会決議日の翌営業日） 株主総会議事録作成・備置 （作成：会318。登記との関係で総会日（6月19日）から2週間以内（期限7月3日まで）、備置：会318Ⅱ・Ⅲ。総会日（6月19日）から10年間本店、写しを5年間支店） 委任状等備置（会312Ⅳ。総会日（6月19日）から3か月間本店に備置（9月19日まで）） 決算公告（会440・939。会計規136～147）
6月23日（月）	商業登記申請 （会915Ⅰ。総会日（6月19日）から2週間以内（7月3日まで））
7月10日（木）	配当金源泉徴収税納付期限 （所181。徴収月（6月）の翌月10日まで）
9月19日（金）	決議取消しの提訴期限（会831Ⅰ。総会日（6月19日）から3か月以内）

Ⅲ 株主名簿の確定と権利行使

■書式Ⅲ－⑤ 決算取締役会議事録例（計算書類等の承認および定時株主総会の招集に関する事項の決定）

株式会社○○○○取締役会議事録

1．開 催 日 時　○○年○○月○○日（○曜日）　○：○○～○：○○
2．開 催 場 所　東京都○○区○○町○丁目○○番○○号　当社本店
　　　　　　　　会議室
3．取締役会の議長　取締役社長　○○○○
4．議事の経過の要領およびその結果
　　定刻、取締役社長○○○○議長席に着き、開会を宣し議事に入った。

決議事項
第1号議案　計算書類および事業報告ならびにこれらの附属明細書承認
　　　　　　の件
　議長は、第○期（○年4月1日から○年3月31日まで）における事業概況として、配布済みの別添各諸表に基づき、営業ならびに経理状況について数字等をあげて詳細説明した後、第○期貸借対照表、損益計算書、株主資本等変動計算書、個別注記表、事業報告およびこれらの附属明細書について議場に諮ったところ、出席取締役は全員異議なくこれを承認可決した。
　なお、議長より計算書類、事業報告およびそれらの附属明細書に関して、監査役から適正である旨の監査報告を受領した旨説明があった。

第2号議案　第○期定時株主総会招集の件
　議長は、下記のとおり第○回定時株主総会を招集したい旨ならびに決議事項を別添招集通知のとおりとしたい旨を述べ、詳細な説明を行った後に賛否を諮ったところ、出席取締役は全員異議なくこれを承認可決した。

記
日　　　時　○○年○○月○○日（○曜日）　午前10時
場　　　所　東京都○○区○○町○丁目○○番○○号
　　　　　　当社本店会議室
目的事項
　報告事項　第○期（○○年○○月○日から○○年○○月○○日まで）
　　　　　　事業報告の内容報告の件

2．株主総会関係事務および配当金関係事務

```
決議事項
    第1号議案　第○期（○○年○○月○日から○○年○○月○○日ま
                で）計算書類承認の件
    第2号議案　剰余金配当の件
    第3号議案　取締役3名選任の件
    第4号議案　監査役1名選任の件

  以上をもって議案の審議を終了したので、議長は午前○時○分閉会を
宣した。

5．出席取締役および監査役
  上記議事の経過およびその結果を証するため、出席取締役および出席
監査役は以下のとおり記名押印する。

○○年○○月○○日
株式会社○○○○　取締役会

        議　　長　　取締役社長　　○○　○○　㊞
                    取　締　役　　○○　○○　㊞

              〜　以下省略　〜
```

⑤　招集通知の発送

　株主総会を招集するには、取締役は、株主総会の日の2週間前（譲渡制限会社は1週間前。ただし、取締役会非設置会社においては、これを下回る期間を定款で定めた場合は、その期間）までに、議決権を有する株主に対して招集通知を発しなければなりません（会299Ⅰ）。「2週間前（1週間前）」の計算方法は民法の規定に従うこととされており、招集通知の発送日と株主総会日の間に中2週間（1週間）必要になります。

　取締役会設置会社の場合、招集通知は書面で行うことを原則とし、通常は封書で委任状（後述）を同封して株主名簿上の株主の届出住所または指定の通知先宛に送付します。

Ⅲ　株主名簿の確定と権利行使

　招集通知には、株主総会の日時、場所、目的事項、議案の概要等、会社法298条１項の記載を要します（狭義の招集通知　会299Ⅳ）（71頁**書式Ⅲ－⑥**参照）。また、書面投票（議決権行使書）制度を採用した場合には、議案の概要に代えて、議決権行使の参考となるべき法定記載事項を記載した株主総会参考書類の交付を要します（会301）。

⑥　**添付書類の交付**

　取締役会設置会社は、定時株主総会の招集通知には、添付書類、すなわち、事業報告、計算書類（貸借対照表、損益計算書、株主資本等変動計算書、個別注記表）を添付して交付しなければならず、さらに監査役設置会社では監査報告、会計監査人設置会社では会計監査報告も交付しなければなりません（会437）。

⑦　**事業報告の記載事項**

　譲渡制限会社の事業報告には、次の事項の記載を要します（会規118・125・126）。

●事業報告の記載事項

① 会社の状況に関する重要な事項
② 内部統制システムの決定または決議の内容の概要および内部統制システムの運用状況の概要
③ 会社の支配に関する基本方針を定めている場合は、会社法施行規則第118条第３号に記載の事項
④ 特定完全子会社がある場合は、会社法施行規則第118条第４号に記載の事項
⑤ 親会社等との取引がある場合は、会社法施行規則第118条第５号に記載の事項
⑥ 会計参与設置会社は、次の事項

　・会計参与と責任限定契約を締結しているときは、当該契約の内容の概要（＊）
　・会計参与と補償契約を締結しているときは、当該会計参与の氏名および補償契約の内容の概要（＊）

2．株主総会関係事務および配当金関係事務

- ・会計参与（当該事業年度の前事業年度の末日までに退任した者を含む）に対して補償契約に基づき会社法第430条の２第１項第１号に掲げる費用を補償した場合において、会社が当該事業年度において当該会計参与が職務の執行に関し法令の規定に違反したことまたは責任を負うことを知ったときはその旨
- ・会計参与に対して補償契約に基づき会社法第430条の２第１項第２号に掲げる損失を補償したときは、その旨および補償した金額

⑦　会計監査人設置会社は、次の事項

- ・会計監査人の氏名または名称
- ・会計監査人が現に業務停止処分を受けその停止期間中の者であるときは、当該処分に係る事項
- ・会計監査人が過去２年間に業務停止処分を受けた者である場合における当該処分事項のうち、会社が事業報告の内容とすることが適切であるものと判断した事項
- ・会計監査人と責任限定契約を締結しているときは、当該契約の内容の概要（＊）
- ・会計監査人と補償契約を締結しているときは、当該会計監査人の氏名および補償契約の内容の概要（＊）
- ・会計監査人（当該事業年度の前事業年度の末日までに退任した者を含む）に対して補償契約に基づき会社法第430条の２第１項第１号に掲げる費用を補償した場合において、会社が当該事業年度において当該会計監査人が職務の執行に関し法令の規定に違反したことまたは責任を負うことを知ったときはその旨
- ・会計監査人に対して補償契約に基づき会社法第430条の２第１項第２号に掲げる損失を補償したときは、その旨および補償した金額
- ・連結計算書類作成会社である大会社の場合は、会計監査人に会社およびその子会社が支払うべき金銭その他の財産上の利益の合計額、会社の会計監査人以外の公認会計士または監査法人が子会社の計算関係書類の監査をしているときはその事実
- ・辞任または解任された会計監査人があるときは、当該会計監査人の氏名または名称、監査役が会計監査人を解任した場合の解任理由、辞任会計監査人の理由陳述等
- ・剰余金の配当等取締役会が決する定款規定がある場合に、取締役会に与えられた権限の行使に関する方針

（＊）責任限定契約または補償契約によって当該会計参与または会計

監査人の職務の執行の適正性が損なわれないようにするための措置を講じている場合にあっては、その内容を含む。

公開会社の事業報告では、上記の記載事項に加え、会社の現況（事業の経過および成果、財産および損益の状況その他）、役員の状況（報酬開示や社外役員の特則を含む）、株式・新株予約権に関する事項など法定記載事項が多数列挙されている（会規119〜124）ため、譲渡制限会社と比べて開示内容に大きな差があります。

譲渡制限会社の事業報告では上記の②と⑦は大会社において必須ですが、それを除くと、実質的な法定記載事項は①が中心になります。しかし、公開会社のように記載すべき項目が具体的に定められているわけではなく、何を記載すべきかは会社の重要性の判断に委ねられています。株式上場を目指す会社は概ね公開会社の記載事項に準じて事業報告を作成しています。

事業報告は計算書類等とともに定時株主総会の日の1週間（取締役会設置会社は2週間）前の日から本店に5年間、支店に3年間備え置き、株主の閲覧に供する法定書類です（会442Ⅰ・Ⅱ）。したがって、例えば株式上場を控えている会社は、上場後の不特定多数の株主が過去の未上場時代の事業報告も閲覧でき得ることに留意し、きちんとこれらの書類を作成しておくことが肝要です。

⑧　参考書類の交付

前述のように、取締役会設置会社の招集通知には議案の概要を記載することが必要です。また、議決権行使書または電子投票採用会社は、議案の概要に代えて「株主総会参考書類」という議案および議決権行使に際して参考となる事項を記載した書面も交付しなければなりません（会301・302）。

株主総会に出席できない株主の議決権行使のため、後述のように委任状勧誘を行う場合があります。上場会社が委任状勧誘を行う場合には、金融商品取引法に従って行い、株主に対しては、内閣府令に定める事項を記載した参考書類を交付しなければなりません（金商法194、

2．株主総会関係事務および配当金関係事務

金商令36の２、勧誘府令１以下）。

　譲渡制限会社の場合には、委任状を招集通知に同封して委任状勧誘を行うことが多いですが、上記のように上場会社でなければ金融商品取引法の規制はかかりません。しかし、前述のとおり、議案の概要を招集通知に記載することが求められますので、株式上場を目指す会社は、上場会社の参考書類記載事項に準じて議案等を記載する例が多くなっています（72頁**書式Ⅲ－⑦**参照）。

■**書式Ⅲ－⑥　招集通知例（狭義の招集通知）**

　　　　　　　　　　　　　　　　　　　　　　　　○○年○○月○○日
　株　主　各　位
　　　　　　　　　　　　　　　　東京都○○区○○町○丁目○○番○○号
　　　　　　　　　　　　　　　　　　　　　　　　○○○○株式会社
　　　　　　　　　　　　　　　　　　　取締役社長　　○○　　○○

　　　　　　　　　　第○回定時株主総会招集ご通知

拝啓　平素は格別のご高配を賜り、厚く御礼申し上げます。
　さて、当社第○回定時株主総会を下記のとおり開催いたしますので、ご出席くださいますようご通知申し上げます。
　なお、当日ご出席お差し支えの場合は、お手数ながら同封の委任状用紙に賛否をご表示いただき、ご押印のうえ、ご送付くださいますようお願い申し上げます。
　　　　　　　　　　　　　　　　　　　　　　　　　　　　敬　具
　　　　　　　　　　　　　　　　記
１．日　　　　時　　○○年○○月○○日（○曜日）　午前10時
２．場　　　　所　　東京都○○区○○町○丁目○○番○○号
　　　　　　　　　　当社　本店会議室
３．会議の目的事項
　　　報告事項　　　第○期（○○年○○月○日から○○年○○月○○日まで）事業報告の内容報告の件

　　　決議事項
　　　第１号議案　　第○期（○○年○○月○日から○○年○○月○○日まで）計算書類承認の件
　　　第２号議案　　剰余金配当の件
　　　第３号議案　　取締役３名選任の件
　　　第４号議案　　監査役１名選任の件
　　　議案の概要は後記「議決権の代理行使の勧誘に関する参考書類」に記載のとおりであります。

Ⅲ　株主名簿の確定と権利行使

以　上

（お願い）
当日ご出席の際は、お手数ながら同封の委任状用紙を会場受付へご提出くださいますようお願い申し上げます。

■書式Ⅲ－⑦　参考書類記載例

議決権の代理行使の勧誘に関する参考書類

１．議決権の代理行使の勧誘者　　　　　　○○○○株式会社
　　　　　　　　　　　　　　　　　　　　取締役社長　　○○　　○○
２．議案に関する参考事項
　　第１号議案　第○期（○○年○○月○日から○○年○○月○○日まで）計算
　　　　書類承認の件
　　　添付書類に記載のとおりであります。
　　第２号議案　剰余金配当の件
　　　当期の期末配当につきましては、経営体質の強化と今後の事業展開等を
　　勘案し、下記のとおりといたしたいと存じます。
　　　　（１）配当財産の種類および帳簿価額の総額
　　　　　　　　配当財産を金銭とし、総額○○○○円を支払う。
　　　　（２）株主に対する配当財産の割当てに関する事項
　　　　　　　　当社普通株式１株につき金○円○銭とする。
　　　　（３）剰余金の配当が効力を生ずる日
　　　　　　　　○○年○○月○○日
　　第３号議案　取締役３名選任の件
　　　取締役３名全員は、本総会終結の時をもって任期満了となります。つき
　　ましては、取締役３名の選任をお願いいたしたいと存じます。取締役候補
　　者は次のとおりです。

氏　名 （生年月日）	略　　歴	所有する 当社株式の数
フ　リ　ガ　ナ ○　○　○　○ （○○年○月○○日）	○○年○月　　当社入社 ○○年○月　　当社○○部長 ○○年○月　　当社取締役 ○○年○月　　当社取締役社長（現在に至る）	株
フ　リ　ガ　ナ ○　○　○　○ （○○年○月○○日）	○○年○月　　当社入社 ○○年○月　　当社○○部長 ○○年○月　　当社取締役 ○○年○月　　当社専務取締役（現在に至る）	株
フ　リ　ガ　ナ ○　○　○　○ （○○年○月○○日）	○○年○月　　○○株式会社入社 ○○年○月　　同社取締役（現在に至る）	株

（注１）　各候補者と当社との間に特別の利害関係はありません。
（注２）　○○○○氏は、社外取締役候補者であります。
（注３）　○○○○氏を社外取締役候補とした理由は……と判断したためであります。
（注４）　○○○○氏の選任が承認可決された場合、当社は同氏との間で会社
　　　　法第427条第１項に規定する責任限定契約を法令の範囲内の限度額で

2．株主総会関係事務および配当金関係事務

　　　締結する予定です。
（注5）　○○○○氏は、当社と会社法第430条の２第１項に規定する補償契約
　　　を締結しており、同項第１号の費用および第２号の損失を法令の定め
　　　る範囲内において当社が補償することとしております。
（注6）　当社は、会社法第430条の３第１項に規定する役員等賠償責任保険契
　　　約を保険会社との間で締結し、被保険者が負担することになる……の
　　　損害を当該保険契約により補填することとしております。候補者は、
　　　当該保険契約の被保険者に含められることとなります。
　　第４号議案　監査役１名選任の件
　　　監査役○○○○は、本総会終結の時をもって任期満了となります。つき
　　ましては、監査役１名の選任をお願いいたしたいと存じます。なお、本議
　　案に関しましては、監査役の同意を得ております。監査役候補者は次のと
　　おりです。

氏　名 （生年月日）	略　　歴	所有する 当社株式の数
フ　リ　ガ　ナ ○　　○　　○ （○○年○月○○日）	○○年○月　当社入社 ○○年○月　当社○○部長 ○○年○月　当社取締役 ○○年○月　当社監査役（現在に至る）	株

（注）候補者と当社との間に特別の利害関係はありません。

以　上

⑨　委任状の作成

　株主が株主総会において議決権を行使するには、原則として自ら株
主総会に出席することが必要となります。しかし、何らかの事情で株
主総会に出席できない株主のために、代理人に委任状（75頁**書式Ⅲ－
⑧**参照）を与えて、当該代理人が株主総会に出席して株主のために議
決権を行使することが認められています。ただし、株主以外の者が総
会に出席することによって総会が撹乱されることを防止するため、多
くの会社が定款において、株主総会に出席できる代理人の資格を当該
会社の株主に限定しています。

　株主が議決権行使を代理人に委任することは、株主が任意に行うこ
とができますが（会310）、代理人（当該会社の株主であって株主総会
に出席できる者）が見つけられない場合には議決権の行使ができなく
なってしまいます。これは、株主にとって議決権行使の機会を失うの
みならず、会社にとっても定足数を有する議案がある場合に有効に決

73

III 株主名簿の確定と権利行使

議ができなくなるおそれが生じてしまいます。

　そこで、会社が株主に招集通知とともに委任状を送付して議決権の委任を勧誘することが行われます。これを一般に「委任状勧誘制度」といっています。特に株主が少数の譲渡制限会社の場合にはこの委任状勧誘制度が多く利用されています。会社は招集通知とともに委任状を送付し、株主は送付された委任状に住所、氏名等を記載し、会社への届出印を押印のうえ、会社に返送すれば議決権を代理人によって行使することができます。

　株主全員に委任状勧誘を行っている会社は、株主から送付された委任状について、具体的に株主総会で議決権の代理行使を行う者を定めます。この場合、代理人となるべき者は、議決権の行使ができる株主でなければなりません。この代理人には、会社の取締役でない総務部長等がなるのが一般的です。

　代理人は委任行為を承諾する旨の受任承諾書（76頁**書式Ⅲ－⑨**参照）を作成し、株主総会の事務局に提出しておきます。受任承諾書は必ずしも法律で要求されているものではありませんが、委任行為は受任者が承諾したときに効力を生ずるため、その事実を証するものとして作成しておくものです。当日は総会場の株主席に代理人として出席し、議決権を行使します。

　株主が議決権の行使を委任した場合は、代理出席として当日出席した株主の議決権数に算入されます。委任状は、株主総会の日から3か月間本店に備え置き、株主（株主総会決議事項の全部につき議決権を行使できない株主を除きます）の閲覧謄写に供します（会310Ⅵ・Ⅶ）。

　なお、委任状は、普通紙、私製はがきあるいは官製はがき等で作成することが考えられますが、普通紙の場合は返信用封筒を同封し、また、私製はがきの場合には切手を貼付しておくと株主が会社に返送するのに便利です。記載事項としては、委任文言のほか、議案ごとに賛否を記載する欄を設けておくのがよいでしょう。

　前記のとおり、未上場会社においては、「委任状勧誘制度」を利用

2．株主総会関係事務および配当金関係事務

するケースが多いと思われますが、議決権行使株主数が1,000人以上の会社は議決権行使書（書面投票制度）（77頁**書式Ⅲ－⑩**参照）の採用が義務付けられ（会298Ⅱ）、また、1,000人未満の会社であっても任意に議決権行使書を採用することもできます。

委任状勧誘制度も議決権行使書も株主総会に出席しない株主の意思表示の手段ですが、委任状勧誘制度は代理人を通じての間接的議決権行使なのに対し、議決権行使書は株主の直接的な書面による議決権行使となる点で性質が異なります。

なお、議決権行使書を採用した場合には、株主総会の招集に関する取締役会における決議事項、招集通知の発送日程、株主総会参考書類の交付等、事務手続や作成書類が委任状勧誘制度採用の場合と異なりますので留意が必要です。

■書式Ⅲ－⑧　委任状

委　任　状

○○○○株式会社　　御中

私は、株主　○○　○○総務部長を代理人と定め、下記の権限を委任します。

記

1．○○年○○月○○日（○曜日）開催の○○○○株式会社第○回定時株主総会（継続会または延会を含む）に出席し、下記の各議案につき私の指示（○印で表示）にしたがって議決権を行使すること。

　　ただし、各議案に対して賛否の指示をしない場合、各議案に対して修正案が提出された場合および議事進行に関する動議が提出された場合は、いずれも白紙委任いたします。

2．復代理人を選任すること。

Ⅲ　株主名簿の確定と権利行使

第1号議案	原案に対して	賛	否
第2号議案	原案に対して	賛	否
第3号議案	原案に対して	賛	否
第4号議案	原案に対して	賛	否

以　上

年　　月　　日

住　　　　所

氏　　　　名　　　　　　　　　　　　　㊞

議　決　権　数　　　　　　　　個

お　願　い

ご出席の際には、本用紙を会場受付にご提出くださいますようお願い申し上げます。

■書式Ⅲ－⑨　受任承諾書

受任承諾書

　私は、別紙委任状による下記議決権数に基づき、代理人として、○○年○○月○○日開催の○○○○株式会社第○回定時株主総会ならびにその継続会または延会に出席し、議決権を行使することを承諾します。

記

受任議決権数　　　　　　　個
（ただし、この委任株主数　　　　　　名）

以　上

2．株主総会関係事務および配当金関係事務

○年○月○日

受任株主　　○　　○　　○　　○　　　㊞

■書式Ⅲ－⑩　議決権行使書面

議決権行使書

株式会社○○○○　御中

　私は、○○年○○月○○日（○曜日）開催の株式会社○○○○第○回定時株主総会（継続会または延会を含む）における各議案につき、下記（賛否を○印で表示）のとおり議決権を行使します。

議　　案	賛否表示欄	
第1号議案	賛	否
第2号議案	賛	否
第3号議案 （注1）	賛	否
	（次の候補者を除く）	
第4号議案	賛	否

　各議案につき賛否の表示をされない場合は、賛成の表示があったものとして取り扱います。（注2）

株式会社○○○○

年　　　月　　　日

〒○○○－○○○○
○○県○○市○○町○丁目○番○号
■■　■■
議決権行使数　　　　　　○○個
ご所有株式数　　　　　　○○株

77

Ⅲ 株主名簿の確定と権利行使

お 願 い

1．株主総会にご出席されない場合は、この議決権行使書用紙に各議案に対する賛否をご表示いただき、同封の返信用封筒をご利用のうえ、○○年○月○○日午後○時までに当社に到着するようご返送ください。

2．第3号議案に対する賛否をご表示の際、一部の候補者につき異なる意思を表示される場合は、「株主総会参考書類」に記載の当該候補者の番号をご記入ください。

3．賛否のご表示は、黒色のボールペンにより、はっきりと○印をご記入ください。

＊議決権行使書面の記載事項は会社法施行規則66条参照

（注1）複数の候補者がいる場合、各候補者に対して賛否欄を記載しなければならないことから（会規66Ⅰ①イ）、一部の候補者を「否」とする場合には「賛」に○印を表示し、「否」とする候補者の番号（株主総会参考書類に記載）を記載してもらいます。

（注2）賛否の表示がない場合の議決権行使書面の取扱いを定める場合は、取締役会で決議し、その内容を記載します（会規63③ニ）。

⑩ 招集手続の省略等

譲渡制限会社で株主も少なく、知れたる株主で株主間の合意が形成しやすい会社にあっては、会社法上、手続の簡素化を図るべく、ア）招集手続の省略（会300）、イ）株主総会決議の省略（会319）、ウ）株主総会への報告の省略（会320）が認められています。

ア）招集手続の省略

株主総会は、株主全員の同意があるときは招集の手続を経ることなく開催することができます（会300）。譲渡制限会社、公開会社いずれも採用することができますが、議決権行使書（書面投票）または電子投票を採用（会298Ⅰ③・④）した場合は、議決権行使期間を確保する必要があるため招集手続の省略はできません。

同意は、事前の同意で、かつ、特定された株主総会についての同意

でなければなりません。また、同意の方式については、明示の同意のみならず、黙示の同意も認められると解されています（東京高裁昭和48年10月25日判時723号90頁）が、同意に際しては、後日招集手続の瑕疵を問題とされないよう、法的要件ではありませんが招集手続省略に係る同意書（81頁**書式Ⅲ－⑪**参照）を受領しておくとよいでしょう。

なお、法令に特段の定めはありませんが、上記の招集手続の省略に準じて、緊急に株主総会を開催する必要が生じた場合に、株主の同意を得たうえで、招集期間の短縮が行われる場合があります（81頁**書式Ⅲ－⑫**、82頁**書式Ⅲ－⑬**参照）。

イ）株主総会決議の省略

取締役または株主が提案した株主総会の会議の目的事項につき、株主の全員が書面または電磁的記録で同意の意思表示をしたときは、提案を可決する旨の決議があったものとみなされます（会319）。これは、提案に同意する旨の書面等の提出を受けることにより、株主総会決議が成立し、実際の総会開催を省略することができる制度で、譲渡制限会社、公開会社いずれも採用することができます。主に会社と緊密な関係にある株主のみから構成される閉鎖型の会社において、手続の簡素化を可能にする制度です。

この場合、株主総会の決議があったとみなされた日から10年間、全員同意に係る書面または電磁的記録を本店に備え置かなければならず、所定の事項を記載した株主総会議事録についても別途作成して備え置くことが必要です（会319Ⅱ、会規72Ⅳ）。

ウ）株主総会への報告の省略

株主総会の報告事項についても、取締役が株主の全員に対して株主総会に報告すべき事項を通知し、報告を要しないことについて、株主全員が書面または電磁的記録により同意の意思表示をした場合は、当該事項につき株主総会への報告があったとみなされます（会320）。な

Ⅲ　株主名簿の確定と権利行使

お、報告の省略の場合は、同意書面または電磁的記録の備置きは要求されていませんが、株主総会議事録を別途作成して備え置くことは必要です（会規72Ⅳ）。

　なお、上記イ）との組み合わせで、定時株主総会の開催を省略することが可能となります（83頁**書式Ⅲ－⑭**、85頁**書式Ⅲ－⑮**、86頁**書式Ⅲ－⑯**参照）。

2．株主総会関係事務および配当金関係事務

■書式Ⅲ－⑪　招集手続の省略を行う場合の同意書例

臨時株主総会招集手続省略に関する同意書

　私は、○年○月○日開催の臨時株主総会に関し、会社法第299条第1項に定める招集手続を経ることなく開催することにつき、同意いたします。

　　　　　年　　　月　　　日
　　　　　　住　　所

　　　　　　氏　　名

　　　　　　持株数　　　　　　　　　　　株

■書式Ⅲ－⑫　招集期間短縮に係る招集通知例

　　　　　　　　　　　　　　　　　　　　　　　○年○月○日
株主各位
　　　　　　　　　　　○○県○○市○○町○丁目○○番○○号
　　　　　　　　　　　　　　　　　　○○○○株式会社
　　　　　　　　　　　　　　　取締役社長　　○○　　○○
　　　　　　　　　臨時株主総会招集ご通知
拝啓　平素は格別のご高配を賜り、厚く御礼申し上げます。
　さて、当社臨時株主総会を下記のとおり開催いたしますので、ご出席くださいますようご通知申し上げます。
　なお、当日ご出席願えない場合は、お手数ながら同封の委任状用紙に賛否をご表示いただき、ご押印のうえ、同封の返信用封筒にてご返送くださいますようお願い申し上げます。
　また、同封の「臨時株主総会招集に関する期間短縮の同意書」につきましては、当日ご出席・ご欠席にかかわらず同意いただいたうえで必要事項をご記入のうえ、必ずご返送くださいますよう併せてお願い申し上げます。
　　　　　　　　　　　　　　　　　　　　　　　　敬　具

以下、省略

81

Ⅲ　株主名簿の確定と権利行使

■書式Ⅲ−⑬　招集期間短縮の同意書例

臨時株主総会招集に関する通知期間短縮の同意書

　私は、○○○○株式会社の○年○月○日開催の取締役会の決議に基づく、○年○月○日開催の臨時株主総会の招集に関し、会社法第299条第1項に定める期間を短縮して臨時株主総会を開催することにつき、同意いたします。

　　　　年　　　月　　　日

　　　　　住　　所

　　　　　氏　　名

　　　　　持株数　　　　　　　　　　株

2．株主総会関係事務および配当金関係事務

■書式Ⅲ－⑭　株主総会の決議および報告の省略を行う場合の定時株主総会の通知書例

○年○月○日

○○○○株式会社
代表取締役社長　　○○○○　　殿

○○県○○市○○町○丁目○番○号
○○○○株式会社
取締役社長　　○○○○

第○回定時株主総会報告および提案ご通知

拝啓　平素は格別のご高配を賜り、厚く御礼申し上げます。

　さて、当社第○回定時株主総会の目的である事項について、会社法第319条第1項および第320条の規定により、下記のとおり報告および提案いたしますのでご通知申し上げます。

　つきましては、別紙「報告書」および「提案書」をご検討いただき、本報告により株主総会での報告をご不要とされ、本提案の内容にご同意いただける場合は、同封の「同意書」にご署名のうえ、○年○月○日までに到着するよう、折り返しご返送くださいますようお願い申し上げます。

　なお、すべての株主様から同意を得られた場合には、○年○月○日に下記報告事項の報告がなされたものとして、また、下記決議事項を可決する旨の決議があったものとして取り扱わせていただき、当該株主総会は開催いたしませんので、ご了承のほどお願い申し上げます。

敬具

記

1．報告事項　第○期（○年○月○日から○年○月○日まで）事業報告の内容報告の件

　　　　　報告事項の内容は、別紙1「報告書」に記載のとおりです。

2．提案事項

　　　第1号議案　第○期（○年○月○日から○年○月○日まで）計算書類承認の件

　　　第2号議案　剰余金配当の件

　　　第3号議案　取締役3名選任の件

　　　第4号議案　監査役1名選任の件

Ⅲ　株主名簿の確定と権利行使

提案事項の内容は、別紙 2「提案書」に記載のとおりです。

以上

別紙 1

報告書

第〇期（〇年〇月〇日から〇年〇月〇日まで）事業報告の内容報告の件
　　※事業報告を掲載

別紙 2

提案書

第 1 号議案　第〇期（〇年〇月〇日から〇年〇月〇日まで）計算書類
　　　　　　承認の件
　　　※貸借対照表、損益計算書等計算書類を掲載（内容省略）
第 2 号議案　剰余金配当の件
　　　※議案の内容を掲載（記載省略）
第 3 号議案　取締役 3 名選任の件
　　　※議案の内容を掲載（記載省略）
第 4 号議案　監査役 1 名選任の件
　　　※議案の内容を掲載（記載省略）

◇株式実務 Q&A ⑧◇

Q　早急に株主総会決議の必要な場合、どのような手段があるか？

A　会社法上、招集手続の省略（会300）や株主総会決議の省略（会319）が考えられます。ただし、いずれの場合も株主全員の同意が必要です。なお、決議省略の場合、同意者の備置きとともに株主総会議事録の作成・備置きも必要となります。また、登記に株主総会議事録の添付を要する場合、あらかじめ司法書士に相談して書式を整えておくとよいでしょう。

2．株主総会関係事務および配当金関係事務

■書式Ⅲ−⑮　株主総会の決議および報告の省略を行う場合の同意書例

○○○○株式会社
取締役社長　　○○○○殿

同意書

　私は、会社法第319条第1項の規定に基づき、下記の会社提案の内容に同意します。
　また、下記報告事項の通知を受け、会社法第320条に基づき当該事項を株主総会に報告することを要しないことについても同意します。
　　　　　○年○月○日

　　　　　　　　　　　　　　株主住所
　　　　　　　　　　　　　　株主氏名
　　　　　　　　　　　　　　議決権数　　　　　　　　　　個

記

〈報告事項〉
第○期（○○年○○月○日から○○年○○月○○日まで）事業報告の内容報告の件
　事業報告の内容は別添のとおり。
〈会社提案の内容〉
第1号議案　第○期（○○年○○月○日から○○年○○月○○日まで）計算書類承認の件
　　　　　　計算書類の内容は別添のとおり。
第2号議案　剰余金配当の件
　期末配当を次のとおり行う。
　（1）配当財産の種類および帳簿価額の総額
　　　　　配当財産を金銭とし、総額○○○○円を支払う。
　（2）株主に対する配当財産の割当てに関する事項
　　　　　当社普通株式1株につき金○円○銭とする。
　（3）配当が効力を生ずる日
　　　　　○○年○○月○○日
第3号議案　取締役3名選任の件
　当社取締役として、○○○○、○○○○、○○○○の各氏を選任する。
第4号議案　監査役1名選任の件
　当社監査役として、○○○○氏を選任する。

　　　　　　　　　　　　　　　　　　　　　　　　　以　上

Ⅲ　株主名簿の確定と権利行使

■書式Ⅲ−⑯　株主総会の決議および報告の省略を行った場合の定時株主総会議
　　　　　　事録例

○○○○株式会社　第○回定時株主総会議事録

　当社第○回定時株主総会は、会社法第319条第1項および会社法第
320条の規定により、株主全員が提案された事項に同意し、かつ通知さ
れた報告すべき事項について株主総会に報告することを要しないこと
に同意したので、以下のとおり、株主総会の決議および報告があった
ものとみなされた。

記

1．株主総会への報告があったものとみなされた事項
　　第○期（○年○月○日から○年○月○日まで）事業報告の内容報
　　告の件
　　報告事項の内容は、別紙1．「報告書」に記載のとおり。
2．株主総会の決議があったものとみなされた事項およびその提案者
　　第1号議案　第○期（○年○月○日から○年○月○日まで）計算
　　　　　　　　書類承認の件
　　第2号議案　剰余金配当の件
　　第3号議案　取締役3名選任の件
　　第4号議案　監査役1名選任の件
　　提案事項の内容は、別紙2．「提案書」に記載のとおり。
　　上記各議案は、いずれも代表取締役社長○○○○より提案された。
3．株主総会への報告および決議があったものとみなされた日
　　　　○年○月○日
　　上記のとおり、株主総会を開催しないで、株主総会の決議および株
主総会への報告がなされたので、その議事を明確にするため会社法第
318条第1項および会社法施行規則第72条第4項の規定に基づき、本議
事録を作成する。
本議事録の作成に係る職務を行った取締役
　　取締役総務部長　○○○○　㊞

以　上

2．株主総会関係事務および配当金関係事務

⑪　株主総会資料の電子提供制度

　令和元年会社法改正により、株主総会資料の電子提供制度が創設されました（会325の2〜7）。株主総会資料の電子提供制度とは、いわゆる招集通知の電子化のことで、原則、書面で送付することとされていた株主総会資料を自社等のウェブサイトに掲載（電子提供措置）し、株主に対してはアクセス通知（当該ウェブサイトのURL等、所定の事項を記載した書面）のみを送付すればよいとする制度です（会325の3Ⅰ・325の4Ⅱ他）。ただし、ウェブサイトにアクセスする手段を持たない株主は、電子提供措置事項を記載した書面の交付を会社に対して請求することができます（会325の5）。

　株主総会資料の電子提供制度は、上場会社においては、その採用が義務付けられています（振替法159の2Ⅰ）が、未上場会社においても、次のように定款で定めることにより採用することが可能です（会325の2）（**書式Ⅲ−⑰**参照）。

■書式Ⅲ−⑰　株主総会資料の電子提供制度に係る定款規定例

（電子提供措置等）
第○条　当会社は、株主総会の招集に際し、株主総会参考書類等の内容である情報について、電子提供措置をとるものとする。
　　2．当会社は、電子提供措置をとる事項のうち法務省令で定めるものの全部または一部について、議決権の基準日までに書面交付請求した株主に対して交付する書面に記載しないことができる。

　なお、未上場会社の場合、電子提供措置をとる旨の定款の定めを置いた場合でも、取締役会設置会社でなく、かつ、議決権行使書や電子投票を採用しない場合には、株主総会資料の書面による提供義務（会299Ⅱ）がないことから、電子提供措置事項（会325の3Ⅰ）もなく、実際に電子提供制度を利用する株主総会はありません。

　したがって、株主総会資料の書面による提供義務のない会社や前記の株主総会決議等の省略（会300・319・320）を活用している会社は、

Ⅲ　株主名簿の確定と権利行使

電子提供制度採用の必要はありません。

　一方、未上場会社でも株主が多数存在し、議決権行使書等を採用し株主に株主総会参考書類の提供義務を有する場合（会301・302）、あるいは、議決権行使書等を採用しない場合であっても、取締役会設置会社であれば、事業報告・計算書類等（会437）については電子提供措置が可能となるため、電子提供制度を採用することにより、株主総会資料の印刷や郵送にかかっていたコストや時間の削減、また、紙資源の削減による環境保護等、電子提供制度のメリットを享受することができます。ただし、ウェブサイトにアクセスする手段を持たない株主は、書面交付請求（会325の5）をしない限り株主総会資料を入手することができない、会社としても書面交付請求に対応するため、一定数、書面の作成を余儀なくされる等のデメリットもありますので、電子提供制度の採用に当たっては慎重な検討が必要となります。

　また、定款に電子提供措置をとる旨を定めた場合、株主総会資料の作成日程が早まること（株主総会の日の3週間前までに電子提供措置をとることが必要）や、当該規定を削除しない限り、必ず電子提供措置が必要になり、株主総会ごとに利用する・しないを選択することはできないことにも留意が必要です。

　なお、前記のとおり、上場会社は電子提供制度の採用が義務付けられているため、株式上場を計画している未上場会社は、上場前に電子提供措置をとる旨の定款の定めが必要になります。

2．株主総会関係事務および配当金関係事務

◇株式実務 Q&A ⑨◇

Q 書面交付請求とは何ですか？

A 書面交付請求とは、電子提供制度を採用している会社において、インターネットの利用が困難な株主の利益を保護するため、会社に対し、電子提供措置の対象となる事項（電子提供措置事項）を記載した書面の交付を請求できるとするものです（会325の5）。書面交付請求は、株主総会の議決権の基準日までに直接会社に対して行う必要があります。書面交付請求を受けた会社は、当該株主に対してアクセス通知の送付に際して電子提供措置事項を記載した書面を交付しなければなりません。

交付する書面は「電子提供措置事項を記載した書面」となるため、会社は電子提供措置をとっている資料をそのままコピーして交付する、あるいは書面交付請求用に印刷した株主総会資料を用意し交付する等の方法が考えられます。なお、電子提供措置事項のうち法務省令に定めるものの全部または一部について、書面交付請求により会社が交付する書面に記載しない旨を定款で定めることができます。

また、書面交付請求は株主が撤回しない限り、その後のすべての株主総会および種類株主総会において継続すると解されているため、会社にとっては書面交付請求をした株主が累積的に増加することが懸念されます。このため、書面交付請求をした株主について、当該書面交付請求の日から1年を経過したときは、会社は書面交付請求をした株主に対し、書面の交付を終了する旨を通知し、かつ、これに異議のある場合には一定期間（1か月を下ることができません）内に異議を述べるべき旨を催告することができる制度が設けられています。

III　株主名簿の確定と権利行使

⑫　株主総会当日の実務

ア）株主確認（受付事務）

　株主総会は、前述のとおり、議決権を有する株主によって構成されます。議決権を有する株主以外の者を議事に参加させたり、議決権を有する株主を参加させなかった場合は、決議の方法が法令に違反するものとして決議取消の要因になり得ます（会831Ⅰ①）。したがって、株主総会当日、会場入口付近に受付を設置し、来場者が議決権を有する株主であるか、すなわち、来場者が当該株主総会に出席する資格を有する者か否かを確認することが必要となります。

　確認方法としては、会場で全来場者に対し効率的に同一レベルで行えることが必要であることから、実務的には、会社が株主宛に送付した当該株主総会に係る委任状用紙を受付に提出すべき旨を招集通知に記載して周知します（71頁**書式Ⅲ－⑥**参照）。それに基づき、受付では、提出された委任状が当該会社のもので、当該株主総会のものであること等を確認し、その持参者を株主本人と認め、入場を許可することになります。

　ただし、委任状を持参しない者であっても、既に投函（郵送）していて手許になく持参できない場合や紛失した場合もあり得るため、直ちに入場を拒否するのではなく、その場合には、来場者から会社に届け出ている住所、氏名を聞き（あるいは準備した書面に記入してもらい）、当該株主総会の議決権の基準日現在の株主名簿と照合することにより、入場資格のある株主か否かを確認します。

　株主確認が終了したら、その証として受付票（**書式Ⅲ－⑱**参照）を株主に交付して入場してもらうことが考えられます。受付票は必ずしも用意する必要はありませんが、受付票には通し番号を付番し、提出された委任状に貼付することにより、議場で発言等があった場合、その番号を言わせることによって、発言者を特定することができる等、便宜です。受付票は想定される来場株主数分に少し余裕をもった枚数準備します。

2．株主総会関係事務および配当金関係事務

　なお、会場選定に当たっても、受付の設置可能なスペースが確保できる場所が望ましいといえます。役員や株主の入退場の導線にも留意が必要です。会場への入口が1つしかない場合、役員と株主の入退場が重なることが想定されるため、避けたほうがよいものと考えます。また、「障害を理由とする差別の解消の推進に関する法律（障害者差別解消法）」に基づき、会場選定の際には、バリアフリー、車椅子専用スペース確保の要否、障害者用お手洗いの有無等にも配慮を要します。

■書式Ⅲ－⑱　株主受付票

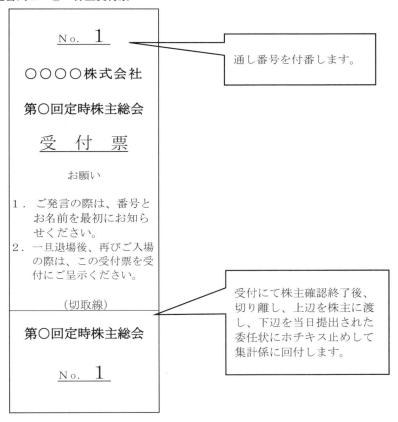

Ⅲ 株主名簿の確定と権利行使

イ）委任状の集計

　株主総会において上程される議案については、**62頁③**のとおり、それぞれ定足数や決議要件があり、それらを満たしているかを確認する必要があるため、委任状を集計します。

ⅰ）事前集計

　前記のとおり、株主総会に出席しない株主は、送付された委任状に賛否を表示し押印のうえ、会社に返送することにより代理人を介して議決権を行使することができます。このように会社に返送された委任状は、議決権行使書面と異なり（会311、会規69・63③イ）、行使期限に関する規制がないため、株主総会の開催時まで到着した委任状のすべてを集計することになります。ただし、実務上は、株主総会日の前日までに郵送により会社に到着した委任状を議案ごとに賛否を集計し、各議案の定足数および可決条件を満たしているかを一旦確認しておきます。

ⅱ）当日の集計

　株主総会当日、出席する株主が上記ア）の受付に提出した委任状に記載された議決権数を集計します。これに上記ⅰ）の集計結果を加算し、最終集計結果とします。

　当日出席者は、議場で議案に対する賛否の意思表示をしますが、事前集計分については、前記のとおり、賛成分および反対分のそれぞれの受任者を定め、議場において当該受任者が株主に代わって議決権を代理行使します。また、集計結果は、株主総会の議場において定足数充足の旨や議決権行使状況を報告することになりますので、当該集計結果を株主総会開会前に事務局または議長に連携する必要があります。

ウ）その他の人員

　株主総会を円滑に運営するために、上記の受付担当や集計担当の他にも、会場案内・ビデオ撮影・録音・マイク・役員対応・株主接待・警備等、様々な役割があり得ます。会社の運営実態に合わせ、相応の

2．株主総会関係事務および配当金関係事務

人員等を配置することが必要になります。

⑬　議事の運営

ア）議長

　株主総会の議長は、定款に定めがない場合には、会議体の一般原則として株主総会において選任することになります。議長の資格については、会社法上、特に規定はありませんが、株主総会は株主によって構成され、株主および取締役が出席するため、株主または取締役であることが必要であると考えられます。

　ただし、会社は、次のように定款に取締役である社長等が議長となる旨を定めているのが一般的ですので、通常は取締役社長が議長を務めます。

　議長は、株主総会の秩序を維持し、議事を整理する権限を有し、議長の命令に従わない者や株主総会の秩序を乱す者を退場させることができます（会315Ⅰ・Ⅱ）。

■書式Ⅲ－⑲　株主総会の議長に関する定款規定例

（招集権者および議長）
第○条　株主総会は、取締役社長がこれを招集し、議長となる。
　　２．取締役社長に事故があるときは、取締役会においてあらかじめ定めた順序に従い、他の取締役が株主総会を招集し、議長となる。

　また、上記定款の定めにもあるように、議長となる者が病気等で株主総会に出席できない事故に備え、あらかじめ取締役会で議長となる取締役の順序を定めておくのが一般的です。

イ）説明義務

　株主総会において、株主が特定の事項について説明を求めた場合、取締役、会計参与、監査役および執行役は、当該事項について必要な説明をしなければなりません（会314）。これを一般的に説明義務とい

93

Ⅲ　株主名簿の確定と権利行使

います。

　ただし、当該事項が株主総会の目的である事項に関しないものである場合、その説明をすることにより株主の共同の利益を著しく害する場合、その他正当な理由がある場合として法務省令で定める場合はこの限りではありません（会314ただし書）。

　会議の目的である事項とは、会社法第299条第4項（招集通知の法定記載事項）に基づき、当該株主総会の招集通知に記載された会議の目的事項のことをいいます（会298Ⅰ②）。したがって、説明義務が生じるのは、会議の目的事項であり、かつ、その議題の決議に際し合理的判断をするのに必要な事項に限られることになります。ただし、株主満足度の観点から、ある程度会議の目的事項から離れた内容の質問であっても企業機密等でない限りは説明することも考えられます。

　なお、上記、その他正当な理由がある場合として法務省令で定める事項とは、次のとおりです（会規71）。

1．株主が説明を求めた事項について説明をするために調査をすることが必要な場合
　ただし、次に掲げる事項は除きます。
・当該株主が株主総会の日より相当の期間前に当該事項を会社に対して通知した場合
・当該事項について説明をするために必要な調査が著しく容易な場合
2．株主が説明を求めた事項について説明をすることにより会社その他の者（当該株主を除く）の権利を侵害することとなる場合
3．株主が当該株主総会において実質的に同一の事項について繰り返して説明を求める場合
4．前記に掲げる場合のほか、株主が説明を求めた事項について説明をしないことにつき正当な理由がある場合

ウ）シナリオ

　定時株主総会は、会社法第296条の規定により招集される会議であり、開催された株主総会が法的効果を帯びるためには、株主総会の内容自体も法律の規定に沿って行わなければなりません。万が一、法律

2．株主総会関係事務および配当金関係事務

の規定に反する形で行われれば、決議取消の要因になります。

そこで、あらかじめシナリオ（議事進行要領）を作成し、これに従って議事進行を行うことが一般的に行われています。シナリオに沿った進行によって、法令に逸脱することなく議事を運営することができます。質疑応答については、株主総会当日に株主が何を聞いてくるかわからないため、シナリオに表現することはできませんが、あらかじめ想定問答を作成しておくことや、シナリオや想定問答を使用して株主総会日以前にリハーサルを実施し、一連の流れの確認や質疑応答の練習を行うことが考えられます。

株主総会の進行方法を大別すると、個別上程方式と一括上程方式の2種類に分けられます。個別上程方式は、株主総会の目的事項（報告事項および決議事項）1つひとつに対し、上程・審議・採決を行うものです。一方、一括上程方式は、株主総会の目的事項全部について一括して上程・審議を行い、その後すべての決議事項の採決のみを行う方法です。以下に一般的に多くの会社で採用されている一括上程方式についてのシナリオ例および留意事項を示します。ただし、本シナリオ例は、出席株主数が多く、株式上場を志向する会社向けのものですので、小規模閉鎖会社の場合には、このようなシナリオを用意する必要はありません。

なお、シナリオは、議長が読み上げるものであるため、読みやすさに配慮し、大きな文字で、読みにくい漢字や人名にはふりがなを付したり、桁数の多い数字は適宜漢数字を交えて表示する（例えば100,100,000円⇒1億10万円）等の工夫を行うことが考えられます。

Ⅲ　株主名簿の確定と権利行使

●シナリオ例（一括上程方式）

担当者	シナリオ	留意事項
役　員	・定刻1〜2分前に役員は座席順に入場開始 ・会場入口で株主席に向かって一礼して入場 ・自席へ進み、起立して待機 ・全役員入場完了 ・全員揃って一礼して着席	入場は序列にこだわらず、座席順に奥の人を先頭に入場します（全員揃って一礼せず、各役員が自席前で一礼して着席する方法もあります）。 席順は質問に回答する確率が高い取締役や、議長を補佐する立場の取締役が議長席の近くに座るのが一般的です。
事務局または司会	定刻でございます。社長よろしくお願いいたします。	開会前はまだ議長ではないため、「議長よろしくお願いします」とならないよう注意します。
社　長	［役員席から議長席へ移動］	
社　長	皆様おはようございます。	午前開催の場合の例です。
議　長	私は取締役社長の○○でございます。本日はご多用中、ご出席を賜り誠にありがとうございます。 　それでは、ただ今より、○○株式会社第○回定時株主総会を開会いたします。 　当社定款第○条の定めにより私が本総会の議長を務めさせていただきますので、よろしくお願い申し上げます。	株主総会招集者としての取締役社長が職務の執行として株主総会の開会を宣言します。 定款に基づき自身が議長を務める旨の説明を行います。 欠席役員がいる場合にはあらかじめ案内しておくのが一般的です。

2．株主総会関係事務および配当金関係事務

	【欠席役員がいる場合】 　なお、取締役○○はやむを得ない事情により欠席いたしておりますことをおことわり申し上げます。	
議　長	議事の秩序を保つため、ご質問等につきましては、監査報告および報告事項のご報告および決議事項の議案の内容説明が終わりましてからお受けいたしたいと存じますので、よろしくご了承賜りたいと存じます。	議長は総会の秩序を維持し、議事を整理する（会315）という議長権限に基づくお願いをします。この権限に基づき、不規則発言があってもここでは取り上げずに進行します。
議　長	それでははじめに、本日の株主各位のご出席状況をご報告いたします。 　本総会におきまして議決権を行使することができる株主数は○○名、その議決権数は○○○個でございます。 　本日ご出席いただいている株主数は、委任状による代理出席の方を含め○○名、その議決権数は○○○個でございます。 　なお、株主各位のご出席につきましては、本総会の全議案を審議するのに必要な定足数を満たしておりますことをご報告申し上げます。	定足数を要する議案がある場合には定足数を充足していることを株主に明らかにします。また議決権数を報告することで決議に必要な議決権数を明確にする意味があります。 なお、具体的な議決権数の報告は省略し、定足数を充足している旨のみ報告する例もあります。 定足数のない議案のみであれば当該報告は不要です。
議　長	それでは、議事に入らせていただきます。 　はじめに、監査役から、監査報告をお願いいたします。 　監査役、どうぞ。	議長からの指名により、監査役が発言します。 なお、監査役の報告を要するのは議案等に法

97

Ⅲ　株主名簿の確定と権利行使

		令・定款違反がある場合か、著しく不当な場合のみ（会384）のため、適正監査であれば監査報告は必ずしも行う必要はありません。
監査役	［起立、一礼］ 　監査役の○○でございます。監査結果につきまして、ご報告申し上げます。 　お手許の招集ご通知○頁に記載の「監査役の監査報告書」のとおり、事業報告およびその附属明細書は法令および定款に従い会社の状況を正しく示しているものと認めます。取締役の職務執行等につきましても特に指摘すべき事項はございません。また、計算書類およびその附属明細書につきましても相当であると認めます。 　以上、監査結果につきましてご報告申し上げました。	監査報告書の内容の概要を報告します。
議　長	それでは、次に、第○期（○年○月○日から○年○月○日まで）事業報告の内容についてご報告いたします。 　議案の内容は、お手許の招集ご通知○頁から○頁までをご覧いただきたいと存じます。 　まず、「事業の経過および成果」でございますが、 　………（概要を説明）………。 　次に、対処すべき課題について申し上げます。 　………（内容を説明）………。 　なお、その他の事項につきましては、お手許の招集ご通知○頁から○頁	報告事項の内容から報告します。 事業報告に記載されている内容をすべて読み上げる必要はありません。 重要な事項やアピールしたい点の概要を説明します。

2．株主総会関係事務および配当金関係事務

	に記載のとおりでございます。　以上で、事業報告の内容のご報告を終わらせていただきます。	
議　長	続きまして、本日の決議事項である各議案についてご説明申し上げます。	一括上程方式の場合は、報告事項に続けて各議案の説明を行います。
議　長	まず、「第1号議案　第○期（○○年○月○日から○○年○月○日まで）計算書類承認の件」につきましてご説明いたします。　議案の内容につきましては、お手許の招集ご通知○頁から○頁をご覧いただきたいと存じます。　まず、貸借対照表でございますが、……（貸借対照表について説明）……　次に、損益計算書でございますが、……（損益計算書について説明）……　なお、株主資本等変動計算書および個別注記表につきましては、お手許の「招集ご通知」○頁から○頁に記載のとおりでございます。	貸借対照表の説明では、主要項目の金額と前期比較、大幅な変動があったときはその理由を説明することが考えられます。損益計算書については、事業報告で説明する売上高等、重複する事項があることから「先程、事業報告でご説明したとおりです」とすることも考えられます。
議　長	次に、「第2号議案　剰余金配当の件」についてご説明申し上げます。　議案の内容につきましては、お手許の招集ご通知○頁をご覧いただきたいと存じます。当期の期末配当は経営体質の強化と今後の事業展開等を勘案し、また、内部留保にも意を用い、1	議案の内容を簡潔に説明します。

III 株主名簿の確定と権利行使

	株につき○円とさせていただきたく存じます。	
議　長	次に、「第3号議案　取締役3名選任の件」についてご説明申し上げます。	
	議案の内容につきましては、お手許の招集ご通知○頁をご覧いただきたいと存じます。取締役3名全員は、本定時株主総会終結の時をもって任期満了となりますので、取締役3名の選任をお願いするものであります。	議案の内容を簡潔に説明します。
	取締役として○○○○、□□□□、△△△△の3名を一括して選任いただくようご提案申し上げます。	候補者一人一人決議するのではなく、全員をまとめて採決する旨を説明します。
議　長	次に、「第4号議案　監査役1名選任の件」についてご説明申し上げます。	
	議案の内容につきましては、お手許の招集ご通知○頁をご覧いただきたいと存じます。監査役××××は、本定時株主総会終結の時をもって任期満了となりますので、監査役1名の選任をお願いするものであります。	議案の内容を簡潔に説明します。
	監査役として××××を選任いただくようご提案申し上げます。なお、本議案につきましては、監査役の同意を得ております。	監査役選任議案を総会に提出する場合は、監査役の同意を要する（会343 I）ためその旨を明確にします。
議　長	以上、本日の決議事項であります各議案についてご説明申し上げました。	報告事項および決議事項の説明後、質疑応答の機会を設け、この機会のみに質問等を受付
	それでは報告事項および決議事項に関するご質問ならびに動議を含めた審議に関するご発言をお受けし、その	け、その後は採決のみ

100

２．株主総会関係事務および配当金関係事務

		後、決議事項につきまして採決のみをさせていただきたいと存じますが、ご賛成の株主様は拍手をお願いいたします。	を行うことについて周知するとともに、その旨の了承を得るものです。
株 主		拍手	
議 長		ありがとうございます。過半数のご賛同を得ましたので、この方法で行うことといたします。 　ご質問のある方はお手を挙げていただき、ご発言は私の指名により、必ずお手許の受付票の番号（とお名前）をおっしゃってからご発言ください。ご質問につきましては、要点を簡潔にお願いいたします。ご質問がございましたらどうぞ。	受付票は、受付で資格審査を経た証として配布するもので、番号を付すことで発言者が特定できます。使用しない場合は氏名を言ってもらいます。
株 主		はい、議長!!	
議 長		はい、そちらの株主様どうぞ。	株主の性別や身体的特徴による指名は行ってはいけません。手振りや前から何列目等によって発言者を特定します。
株 主		○番の○○です。「○○について教えてください。」	出席番号（と名前）を必ず言ってもらいます。
議 長		ただ今のご質問は「○○について説明してほしい。」ということでございますね。私からご回答申し上げます。 　「○○につきましては………でございます。」 　以上、ご回答申し上げました。	議長が、質問の要点を簡単にまとめることにより回答を用意する間がとれます。回答は担当役員を指名して行うことも可能です。 回答が終わったら、「以上ご回答申し上げ

Ⅲ　株主名簿の確定と権利行使

			ました」で締めます。
議　長	ほかにご質問ございませんか。[数秒待ち、会場内を見渡して質問者がいないことを確認して]　ご質問がないようでございますので、議案の採決に移らせていただきます。	議長は、発言希望者の有無を必ず確認してから、議案の採決に移る発言を行います。
議　長	それでは、「第1号議案　第○期（○○年○月○日から○○年○月○日まで）計算書類承認の件」の採決をいたします。本議案につきまして、ご賛成の株主様は拍手をお願いいたします。	議案を1つずつ採決していきます。
株　主	拍手	
議　長	ありがとうございました。　「第1号議案　第○期（○○年○月○日から○○年○月○日まで）計算書類承認の件」は、委任状による代理出席を含め、過半数の賛成と認め、原案どおり承認可決されました。[役員全員自席にて黙礼]	委任状の事前集計により通常は採決時には議案が可決することが明らかになっていますが、議長は賛成票の受任者が拍手していることを目視で確認し、可決要件である「過半数」（定款変更議案等特別決議の場合は3分の2以上）と表明して原案が承認可決した旨を宣します。あわせて、役員全員は自席にて黙礼するのが一般的です。
議　長	それでは、「第2号議案　剰余金配当の件」の採決をいたします。本議案につきまして、ご賛成の株主様は拍手	

2．株主総会関係事務および配当金関係事務

	をお願いいたします。	
株　主	拍手	
議　長	ありがとうございました。 　「第2号議案　剰余金配当の件」は、委任状による代理出席を含め、過半数の賛成と認め、原案どおり承認可決されました。 ［役員全員自席にて黙礼］	
議　長	次に、「第3号議案　取締役3名選任の件」を採決いたします。本議案につきまして、ご賛成の株主様は拍手をお願いいたします。	
株　主	拍手	
議　長	ありがとうございました。 　「第3号議案　取締役3名選任の件」は、委任状による代理出席を含め、過半数の賛成と認め、原案どおり承認可決されました。 ［役員全員自席にて黙礼］	
議　長	次に、「第4号議案　監査役1名選任の件」を採決いたします。本議案につきまして、ご賛成の株主様は拍手をお願いいたします。	
株　主	拍手	
議　長	ありがとうございました。 　「第4号議案　監査役1名選任の件」は、委任状による代理出席を含め、過半数の賛成と認め、原案どおり承認可決されました。 ［役員全員自席にて黙礼］	
議　長	以上、本日の会議の目的事項はすべて終了いたしました。これをもちまし	閉会宣言は明確に行います。単に議案の審議

103

			が終了したのみでなく、会議の目的事項のすべてが終了した旨を宣します。
		て第○回定時株主総会を閉会といたします。	
社　長		[役員全員起立]　　本日はご多忙のところ、ご出席を賜りまして誠にありがとうございました。これにて散会とさせていただきます。　[役員全員退場]	各役員は出口に近い順に速やかに退場します。出口から会場に向かって一礼する必要はありません。

⑭　株主総会議事録の作成

　株主総会の議事については、法務省令（会規72）で定めるところにより、議事録を作成しなければならないと規定されています（会318）（108頁**書式Ⅲ－㉑**参照）。会社は、株主総会の日から本店に議事録を10年間、支店に議事録の写しを5年間備え置き、株主、債権者および裁判所の許可を得た親会社社員の閲覧・謄写に供します（会318Ⅳ・Ⅴ）。

　なお、会社法においては、株主総会議事録に議長および出席取締役の署名義務に関する規定はありません。したがって、正本であることや真正であることの担保は、代表取締役や作成取締役の押印等、会社が適宜の方法で行えばよいことになります。

●株主総会議事録の記載事項（会規72Ⅲ）

①　株主総会が開催された日時および場所（当該場所に存しない取締役、執行役、会計参与、監査役、会計監査人または株主が株主総会に出席をした場合における当該出席の方法を含む） ②　株主総会の議事の経過の要領およびその結果 ③　次に掲げる規定により株主総会において述べられた意見または発言があるときは、その意見または発言の内容の概要 　・監査等委員である取締役の選任もしくは解任または辞任についての

2．株主総会関係事務および配当金関係事務

監査等委員である取締役の意見（会342の2Ⅰ）
・辞任した監査等委員である取締役が辞任後最初の総会で述べた辞任した旨およびその理由（会342の2Ⅱ）
・監査等委員である取締役以外の取締役の選任もしくは解任または辞任についての監査等委員会の意見（会342の2Ⅳ）
・会計参与の選任もしくは解任または辞任についての会計参与の意見（会345Ⅰ）
・監査役の選任もしくは解任または辞任についての監査役の意見（会345Ⅰ・Ⅳ）
・会計監査人の選任、解任もしくは不再任または辞任についての会計監査人の意見（会345Ⅰ・Ⅴ）
・辞任した会計参与、監査役が辞任後最初の総会で述べた辞任した旨およびその理由（会345Ⅱ・Ⅳ）
・解任されまたは辞任した会計監査人が述べた、辞任した旨およびその理由または解任についての意見（会345Ⅱ・Ⅴ）
・監査等委員である取締役の報酬等についての監査等委員である取締役の意見（会361Ⅴ）
・監査等委員である取締役以外の報酬等についての監査等委員会の意見（会361Ⅵ）
・会計参与が取締役と共同で作成する計算書類等の作成に関する事項について、会計参与が取締役と意見を異にするときの意見（会377Ⅰ）
・会計参与の報酬についての会計参与の意見（会379Ⅲ）
・取締役が株主総会に提出する議案、書類等につき法令もしくは定款違反または著しく不当な事項があるときの監査役の調査結果報告（会384）
・監査役の報酬についての監査役の意見（会387Ⅲ）
・監査役の監査範囲を会計監査に限定する定款規定がある場合の、会計に関する議案、書類等の監査役の調査結果（会389Ⅲ）
・会計監査を要する計算書類等が法令または定款に適合するかどうかについて監査役と意見を異にするときの会計監査人の意見（会398Ⅰ）
・会計監査人の出席要求決議があったときの会計監査人の意見（会398Ⅱ）
・取締役が株主総会に提出する議案、書類等につき法令もしくは定款違反または著しく不当な事項があるときの監査等委員の報告（会399の5）
④　株主総会に出席した取締役、執行役、会計参与、監査役または会計

監査人の氏名または名称

⑤　株主総会の議長が存するときは、議長の氏名

⑥　議事録の作成に係る職務を行った取締役の氏名

ア）株主総会の日時・場所・出席方法の記載

　株主総会の日時・場所を記載します。その他、会社法では株主総会の開催された場所に存しない取締役や株主等が株主総会に出席した場合の出席方法も株主総会議事録に記載しなければなりません（**書式Ⅲ－⑳参照**）。これは、例えば、一部の取締役等や株主がインターネットや電話を通じて出席した場合において、その方法を明らかにするためのものです。

■書式Ⅲ－⑳　開催場所に存しない取締役が株主総会に出席した場合の出席方法記載例

定刻　　代表取締役○○○○が議長席に着き開会を宣した。
なお、取締役○○○○はウェブ会議システムにより本総会に出席している旨を報告した。

イ）議事の経過の要領・議事の結果

　議事の経過の要領および議事の結果を記載します。議事の経過とは、開会宣言、議案提出、議案や総会運営に関する動議、質問と回答、採決の方法および閉会宣言など一連の流れをいうとされ、その要領が記載事項となっているので逐語的に記載する必要はなく重要なものを簡潔に記載すれば足ります。また、事業報告および計算書類の内容報告ならびに監査の結果報告（会438）も議事の経過に含まれます。

　要領の記載に当たっての留意点は以下のとおりです。

・どういうことが質問され、どういうことを答弁したかが理解される程度は必要
・質問者の氏名を記載する必要はなく、質問と回答の要旨を記載する例が多い
・同一趣旨の質問はまとめて記載することも可能

2．株主総会関係事務および配当金関係事務

> ・株主総会の目的事項と全く関係ない質問は省略可能
> ・動議は記載が必要、特に議案修正等の動議はその内容と結果を記載

　議事の結果とは、どのような議案につき、どのような賛否があってその議案が可決されたか否決されたかをいいます。提出した議案や報告事項の内容については招集通知を議事録に綴込み、添付のとおり報告ないし説明された旨を記載することが可能です。採決の結果の記載に当たっては決議要件が充足されたことを具体的に記載します（3分の2以上、過半数等）。

ウ）出席状況

　法定記載事項ではありませんが、出席状況の記録や定足数を充足していることの確認等の意味合いから、議決権を行使することができる株主数および議決権総数ならびに出席株主数およびその議決権数も一般的に記載されています。記載に当たっては、後日の閲覧請求等も考慮し、議場で述べた報告時の出席株主数および議決権数を記載する方法と報告時以降に出席した株主を含めた最終の集計結果を記載する方法があります。

エ）議事録の作成に係る職務を行った取締役の氏名

　当該議事録の作成に係る職務を行った取締役の氏名を記載します。なお、会社法上、株主総会議事録に作成者や出席取締役等の署名または記名押印は求められていません。しかし、実務上は、文書の真正を担保するために押印することも考えられます。

オ）添付書類

　株主総会議事録には、招集通知を添付することにより、議事録の記載を簡略化し、その内容を添付書類に委ねることができます。また、招集通知を保存する意味で添付しておくことも考えられます。定款変更議案がある場合は、定款原本を確定する意味で、変更後定款の全文（交付用に印刷したもので可）を添付することが望ましいと考えられ

Ⅲ　株主名簿の確定と権利行使

ます。

カ）その他

　株主総会議事録は、会社の営業時間内はいつでも株主、債権者等からの閲覧・謄写請求の対象となります（会318Ⅳ・Ⅴ）。そのため、議事録作成に当たっては、敵対的な株主等からの閲覧・謄写請求の可能性も勘案して、記載内容や表現についても考慮する必要があります。

■書式Ⅲ－㉑　株主総会議事録例

　　　　　　　　○○○○株式会社第○回定時株主総会議事録

　　○○年○○月○○日（○曜日）午前10時、東京都○○区○○町○丁目○○番○号当社本社会議室において第○回定時株主総会を開催した。
　　定刻　　　代表取締役○○○○が議長席につき開会を宣した。
　　議長は、株主の発言は報告事項の報告および決議事項の上程が終了した後に受け付ける旨を述べた。
　　次いで、出席株主数およびその議決権数を次のとおり報告させ、本議案の決議に必要な法定要件は満たされている旨を述べた。
　　　　　　　　　株主総数　　　　　　　　　　　　　○名
　　　　　　　　　総議決権数　　　　　　　　　　○，○○○個
　　　　　　　　　出席株主数　　　　　　　　　　　　○名
　　　　　　　　　出席株主の議決権数　　　　　　○，○○○個
　　次に議長は、監査役に監査報告を求めたところ、監査役○○○○は、別添招集通知○頁の監査報告書に記載のとおりである旨報告した。
報告事項　第○期（○○年○○月○日から○○年○○月○○日まで）
事業報告の内容報告の件
　　次いで、議長より、事業報告の内容につき報告がなされた。
　　引き続き各議案の上程およびその内容の説明に入った。
決議事項
第１号議案　第○期（○○年○○月○日から○○年○○月○○日まで）
　　　　　　計算書類承認の件

2．株主総会関係事務および配当金関係事務

　議長は、別添招集通知のとおり原案について詳細な説明を行った。

第2号議案　剰余金配当の件

　議長は、別添招集通知のとおり原案について詳細な説明を行った。

第3号議案　取締役3名選任の件

　議長は、取締役全員は本総会終結の時をもって任期満了により退任するので、○○○○、○○○○、○○○○の3名の選任を願いたい旨を述べ、詳細な説明を行った。

第4号議案　監査役1名選任の件

　議長は、監査役○○○○は本総会終結の時をもって任期満了により退任するので、○○○○の選任を願いたい旨を述べ、詳細な説明を行った。

　次いで、議長は、報告事項および決議事項について出席株主に質問を求めたところ、株主から……について質問があり、議長から……の回答がなされた。その他に質問はなく、質疑を終了し、各議案の採択に入った。

第1号議案

　議長は、本議案につき賛否を諮ったところ、委任状による代理行使を含め賛成多数をもって原案どおり承認可決された。

（※以下省略。第2号〜第4号についても、同様に記載してください。）

　以上をもって本日の議事のすべて終了したので、午前10時30分議長は閉会を宣した。

　上記決議を明確にするため、代表取締役○○○○が本議事録を作成する。

○○年○○月○○日

東京都○○区○○町○丁目○○番○号

○○○○株式会社定時株主総会

　議長および出席役員

議　　長	代 表 取 締 役	○	○	○	○
	取　　締　　役	○	○	○	○
	取　　締　　役	○	○	○	○
	監　　査　　役	○	○	○	○

⑮ 変更登記

ア）登記事項

取締役の就任等、株主総会の決議により登記事項（会911Ⅲ等）に変更が生じた場合には、変更を生じた日（通常は株主総会日）から2週間以内に本店所在地において変更登記をしなければなりません（会915Ⅰ）。

●株主総会に関連して変更登記を要する主な事項

総会決議事項	登記事項	会社法
役員等の選任	代表取締役	911Ⅲ⑭
	取締役	911Ⅲ⑬・㉑～㉓
	監査役	911Ⅲ⑰・⑱
	会計監査人	911Ⅲ⑲
定款変更	目的	911Ⅲ①
	商号	911Ⅲ②
	本店所在地	911Ⅲ③
	機関設計の変更	911Ⅲ⑮～⑲
	公告方法	911Ⅲ㉗～㉙
	発行可能株式総数	911Ⅲ⑥
	株式譲渡制限設定・撤廃	911Ⅲ⑦
	単元株式数	911Ⅲ⑧
	株券発行会社の旨	911Ⅲ⑩
	役員責任免除規定	911Ⅲ㉔・㉕
	株主名簿管理人設置	911Ⅲ⑪
	電子提供措置をとる旨	911Ⅲ⑫の2
その他	資本金の額等	911Ⅲ⑤　他

2．株主総会関係事務および配当金関係事務

イ）添付書類

　登記すべき事項について、株主総会もしくは取締役会の決議を要するときは、登記申請書にその議事録を添付しなければなりません（商登46Ⅱ）。なお、後述のように、登記すべき事項に株主総会決議を要する場合、登記申請書には「株主の氏名または名称、住所および議決権数等を証する書面」（以下、「株主リスト」といいます）を添付しなければなりません（商登規61Ⅲ）。

　また、取締役、監査役および会計監査人の就任による変更登記には就任承諾書を添付しなければなりませんが（商登54Ⅰ・Ⅱ①）、株主総会議事録に就任の承諾をした旨が記載されていれば、株主総会議事録の記載をもって就任承諾書に代えることができます。ただし、取締役および監査役の就任（再任を除く）の登記申請において、当該登記申請書に印鑑証明書を添付することとなる場合を除き、就任承諾書に記載した住所・氏名を確認するために住民票の写し、運転免許証の写し等の本人確認書類の添付が必要となります（商登規61Ⅶ）。そこで、就任を承諾したことを証する書面として株主総会議事録を援用する場合には、株主総会議事録に住所の記載が必要となり、同議事録に住所の記載がない場合には、別途、住所を記載し、記名押印した就任承諾書の添付が必要となります（108頁**書式Ⅲ－㉑**参照）。

　なお、会計監査人の就任登記においても、就任承諾書の添付が必要ですが、定時株主総会で別段の決議がされていないことにより就任したとみなされる場合（会338Ⅱ）の重任の登記申請に際しては、就任承諾書の添付は不要とされています（平成18年3月31日法務省民商第782号第2部第3、9（2）イ（ア）b）。

ウ）株主リストの添付

　登記すべき事項について株主総会の決議を要する場合（株主総会決議を省略する場合（会319Ⅰ）も含みます）および株主全員の同意（種類株主全員の同意）を要する場合には、前記添付書類に加え、申請書に「株主リスト」（114頁**書式Ⅲ－㉓**参照）の添付が必要です（商

111

登規61Ⅲ）。これは、役員のなりすまし等の違法行為を防止し、商業登記の真実性を担保するためのものです。

「株主リスト」には、総株主の議決権（当該決議において行使することができるものに限ります）の数に対するその有する議決権の数の割合が高いことにおいて上位となる株主であって、「10名」または「その有する議決権の割合を当該割合の多い順に順次加算し、その加算した割合が3分の2に達するまでの人数」のうち、いずれか少ない人数の株主につき、以下に掲げる事項を記載しなければなりません（商登規61Ⅲ）。この株主には株主総会に出席した株主に限られず、自己株式等の議決権を有しない株式の株主を除き、当該株主総会において、当該決議事項につき議決権を行使することができたすべての株主が含まれます（平成28年6月23日法務省民商第99号第2、2（1）ア）。

●株主リストに記載すべき事項（商登規61Ⅲ）

> 「議決権数上位10名の株主」または「議決権割合が3分の2に達するまでの株主」のいずれか少ないほうの株主についての次の事項
> ①株主の氏名または名称
> ②株主の住所
> ③株主の保有株式数（種類株式発行会社にあっては株式の種類および種類ごとの数を含む）および議決権数
> ④その議決権数割合

※種類株主総会の決議を要する場合も同様（商登規61Ⅲ）
※株主全員の同意を要する場合には株主全員の記載が必要（商登規61Ⅱ）
※3分の2に達するまでの株主は、議決権割合の多いほうから加算する

エ）株主リストの作成方法

「株主リスト」に記載する株主は、当該株主総会の議決権の基準日における議決権を有する株主となります。「株主リスト」に記載する株主の情報は、当該基準日現在の株主名簿（会121）に記載されてい

る株主の氏名等となります。ただし、「株主リスト」に記載すべき議決権の数や議決権割合は株主名簿においては、通常記載事項になっていませんので、株主名簿そのものを「株主リスト」として流用することはできません。したがって、「株主リスト」作成の際には当該株主総会の議決権基準日現在の株主名簿に基づき、議決権割合を計算して記載することとなります。

　また、「株主リスト」は登記すべき事項ごとにそれぞれ作成する必要があるとされていますが、決議ごとに添付を要する「株主リスト」に記載すべき内容が一致するときは、その旨が注記された「株主リスト」が1通添付されていれば足りるとされています（平成28年6月23日法務省民商第98号第3、1（2）アなお書）。

　なお、法務省のホームページに「株主リスト」の各種様式例が掲載されておりますので、それを用いて作成することができます。

オ）代表取締役等住所非表示措置

　商業登記規則等の一部を改正する省令（令和6年法務省令第28号）によって、代表取締役等住所非表示措置が創設され、2024年10月1日から施行されています。

　この措置は、一定の要件の下、登記簿に記録すべき代表取締役等の住所について、登記事項証明書等に行政区画以外のものを記載しない措置を講ずるよう申し出ることができるというものです（商登規31の3Ⅰ）。この措置の対象は株式会社に限定されており、また、当該申出は、代表取締役等の就任登記等、代表取締役等の住所が登記されることとなる登記の申請と同時にする場合に限りすることができます。なお、当該措置が講じられた場合であっても、代表取締役等の住所が登記事項であることに変更ありません（会911Ⅲ⑭・㉓ハ等）ので留意が必要です。

　なお、当該措置が講じられた場合には、登記事項証明書等によって会社代表者の住所を証明することができないこととなるため、金融機関から融資を受けるに当たって不都合が生じたり、不動産取引等に当

Ⅲ　株主名簿の確定と権利行使

たって必要な書類（会社の印鑑証明書等）が増えたりする等、一定の
影響が生じることが想定されることから、申出をする前にこのような
影響があり得ることについて、慎重かつ十分な検討が必要となりま
す。

■書式Ⅲ－㉒　就任承諾書

就任承諾書

〇年〇月〇日

〇〇〇〇株式会社
取締役社長　　〇〇〇〇　　様

東京都〇〇区〇〇町〇丁目〇番〇号
〇　〇　〇　〇　　　㊞

　〇年〇月〇日開催の貴社第〇回定時株主総会において取締役に選任
されました際には就任を承諾いたします。

以　　上

■書式Ⅲ－㉓　株主リスト例（商業登記規則61条3項の証明書／10名）

証　明　書

　〇年〇月〇日付け定時株主総会の第〇号議案につき、総議決権数
（当該議案につき、議決権を行使することができる全ての株主の有する
議決権の数の合計をいう。以下同じ。）に対する株主の有する議決権
（当該議案につき議決権を行使できるものに限る。以下同じ。）の数の
割合が高いことにおいて上位となる株主であって、次の①と②の人数
のうち少ない方の人数の株主の氏名又は名称及び住所、当該株主のそ
れぞれが有する株式の数（種類株主総会の決議を要する場合にあって
は、その種類の株式の数）及び議決権の数並びに当該株主のそれぞれ

2．株主総会関係事務および配当金関係事務

が有する議決権の数に係る当該割合は、次のとおりであることを証明
します。

①10名

②その有する議決権の数の割合をその割合の多い順に順次加算し、そ
の加算した割合が3分の2に達するまでの人数

	氏名又は名称	住所	株式数（株）	議決権数	議決権数の割合
1	A田　B夫	東京都○○区□□1－1	300	300	25.0%
2	C田　D子	東京都○○区■■1－2	200	200	16.7%
3	E田　F夫	東京都○○区△△1－3	100	100	8.3%
4	G株式会社	東京都○○区××1－4	50	50	4.2%
5	H株式会社	東京都○○区□■2－1	30	30	2.5%
6	I川　J太郎	東京都○○区■□3－2	20	20	1.7%
7	K川　L美	神奈川県○○市××1－5	15	15	1.3%
8	M山　N二郎	神奈川県○○市△△1－1	10	10	0.8%
9	O山　P子	埼玉県○○市■△4－1	9	9	0.8%
10	株式会社Q	千葉県○○市××5－2	8	8	0.7%
			合　計	742	61.8%
			総議決権数	1,200	
			総株式数（株）	1,200	

　　○年○月○日

　　　　　　　　　　株式会社　　○　　○　　○　　○
　　　　　　　　　　代表取締役　　○　　○　　○　　○

⑯　株主提案権

ア）株主提案権とは

　株主提案権とは、取締役会設置会社においては、一定の議決権を6
か月前から引き続き有する株主が、取締役に対して株主総会の議題も
しくは議案を提案することができる権利のことをいいます（会303・
305）。

Ⅲ　株主名簿の確定と権利行使

　このような株主提案権が認められたのは、少数株主には手続面や費用面においても負担がかかる株主総会招集権の行使（会297）によることなく、会社が招集する株主総会の機会に応じて株主に議案等が提案できるようにし、株主総会の活性化が意図されたものと考えられます。

　株主提案権を行使できる株主は、総株主の議決権の100分の１以上または300個以上の議決権を６か月前より引き続き保有していることが必要です（会303Ⅰ・305Ⅰ）。なお、譲渡制限会社で取締役会設置会社の場合は、上記要件のうち、６か月の継続保有期間要件の適用はありません（会303Ⅲ・305Ⅱ）。また、株主提案権の行使期限は、株主総会日の８週間前までとされています（会303Ⅱ・305Ⅰ）。

　なお、この株主提案権を行使できる株主の要件を定款で緩和することができます。すなわち、「100分の１または300個以上の議決権保有要件」、「６か月の継続保有要件」、「８週間前までの行使期限」について、定款でこれらを下回る数値要件を定めることができます（会303Ⅱ・305Ⅰ）。

　株主提案権の内容は、①一定の株主総会の会議の目的（議題）とすること、例えば、定款変更であれば「定款一部変更の件」、取締役選任であれば「取締役○名選任の件」といった議題提案権と、②株主が提出しようとする議案の要領を招集通知に記載または記録すること、例えば、「定款第○条の事業目的に○○に関する事業を追加する」、「取締役として○○○○氏の選任を求める」といった議案提案権の２つの内容が会社法に規定されています（会303・305）。なお、会社法では、議案提案権については株主総会で提出できる旨も規定されていますが（会304）、この場合、株主総会の目的事項であって株主が議決権を行使できる目的事項に限られるという制限のほかは、持株要件は定められていません。株主総会場における議案に対する修正動議がこれに該当します。

　議案提案権は、提案議案が法令もしくは定款に違反する場合や実質的に同一の議案が総株主の議決権の10分の１以上の賛成を得られな

かった日から3年を経過していないときは、提案することができません（会304・305Ⅵ）。なお、この10分の1以上の賛成を得ないと3年間再提案ができないとする要件についても、上記同様に10分の1を下回る割合を定款で定めることができます（会304・305Ⅵ）。

イ）株主提案の数の制限

取締役会設置会社においては、株主が同一の株主総会に提案する議案の数が10個を超える場合は、その超えた数の議案については、拒絶することができます（会305Ⅳ）。その議案の数え方は、会社法上、次のように規定されています（会305Ⅳ各号）。

●株主提案における議案の数え方（会305Ⅳ各号）

> ① 役員等の選任に関する議案
> 　当該議案の数にかかわらず、1つの議案とみなす（会305Ⅳ①）。
> ② 役員等の解任に関する議案
> 　当該議案の数にかかわらず、1つの議案とみなす（会305Ⅳ②）。
> ③ 会計監査人を再任しないことに関する議案
> 　当該議案の数にかかわらず、1つの議案とみなす（会305Ⅳ③）。
> ④ 定款の変更に関する2以上の議案
> 　当該2以上の議案について異なる議決がされたとすれば当該議決の内容が相互に矛盾する可能性がある場合には、1つの議案とみなす（会305Ⅳ④）。

役員等（取締役・監査役・会計監査人・会計参与）の選任議案の場合、役員等の種類および候補者の数にかかわらず1つの議案と数えます。例えば、1人の株主から「取締役3名選任の件」と「監査役1名選任の件」が提案された場合には、1つの議案として数えます（会305Ⅳ①）。また、1人の株主から「取締役3名選任の件」と「監査役1名解任の件」が提案された場合には、2つの議案として数えます（会305Ⅳ①・②）。

定款変更議案の場合には、内容に着目して、例えば、「本店所在地

の変更」と「事業目的の変更」が提案された場合、これらは相互に矛盾しないため、双方が可決、双方が否決あるいはいずれか一方のみが否決または可決されても問題ないため、2つの議案と数えます。これに対し、監査役設置会社の1人の株主から「機関設計を監査等委員会設置会社に変更」と「取締役の任期を1年に変更」が提案された場合、前者が可決され、後者が否決されると監査等委員会設置会社は監査等委員でない取締役の任期を1年とする必要があるため（会332Ⅲ）、矛盾することになります。一方、前者が否決され、後者が可決された場合、監査役設置会社のままで、取締役の任期を1年にすることは可能なため、矛盾しないことになります。このように、組み合わせが複数あるもののうち1つでも矛盾するものがあれば1つの議案と数えます。

　10個を超える提案がなされた場合、会社は拒絶することができますが（会305Ⅳ）、10個を超える数に相当することとなる数の議案は取締役がこれを定めるとされています（会305Ⅴ）。ただし、提案株主が優先順位を付けている場合は、当該優先順位に従い定めることとされています（会305Ⅴただし書）。優先順位がない場合等に備え、10個を超える提案があった場合の議案の決定方法について、あらかじめ株式取扱規程等で定めておくことや、特に定めなくても内容を考慮せずに提案書等に記載された順に上から採用するといったことも考えられます。

　なお、会社が任意に10個を超える提案を採用することも問題ありませんが、株主平等原則に反するような取扱いはできないと考えられますので、合理的な理由なく、特定の株主からの提案は20個採用し、他の株主からの提案は10個しか採用しないということは許されないと考えられます。

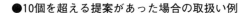

2．株主総会関係事務および配当金関係事務

●10個を超える提案があった場合の取扱い例

> ①　株主が優先順位を付けていれば、その定めに従い10個選ぶ（会305Ⅴただし書）
> ②　①の順位付けがない場合には、取締役が10個選ぶ（会305Ⅴ本文）
> ③　株主が10個を超える議案を提出してきた場合、会社が任意に10個を超える数の議案を採用することは可能。ただし、株主平等原則に反しないように配慮する。

ウ）株主提案権が行使された場合の対応

　株主提案権が行使された場合には、提案株主の確認、提案期日（株主総会日の8週間前）や所有議決権数等の要件充足の確認、提案内容の適格性の審査を行ったうえで、議案として取り上げるか否か等を決定しなければなりません。

ⅰ）提案株主の株主確認

　提案株主は、当然ながら当該会社の株主である必要がありますので、株主名簿に記載のある株主か否かを確認します。

ⅱ）提案期日および提出書面の確認

　株主提案は、株主総会日の8週間前までに行う必要がありますので、当該要件が満たされているかを確認します。「株主総会日の8週間前まで」とは、株主総会日と提案日（提案書面の提出日等）との間に丸8週間の期間が存在しなければならないと解されています。なお、期限に遅れた提案については、その提案の性質上時期を問わないものである場合は次回の提案となり得るため、株主の意向を確認して、次回の総会の提案とするなら、改めてその時点で各要件の確認を行います。

ⅲ）保有要件の確認

　提案株主は、6か月前より引き続き、総株主の議決権の100分の1以上または300個以上の議決権を保有している必要があります（譲渡制限会社は6か月間継続保有要件は不要です）。「6か月前より引き続

き……株式を有する株主」とは、請求日から逆算して丸6か月の期間を意味します（昭和60年10月29日東京地裁判決）。したがって、株主名簿により、当該要件を確認します。なお、この継続保有要件をいつまで充足し続ける必要があるかについては、権利行使日と基準日とのいずれか遅い日まで満たしている必要があると解されています。これは、権利行使日までは充足していなければならないのは当然ですが、基準日より前に行使した場合、基準日までに株式を処分して議決権のない者にまで株主提案権を認めるのは不合理だからです。

iv）提案議案数の確認

前記イ）のとおり1人の株主から10個を超える提案議案は拒否することができますので（会305Ⅳ）、議案の数を確認します。

ⅴ）株主提案の内容審査

株主提案による議題が、①株主総会の決議事項でないとき、②株主提案による議案が法令・定款に違反するとき、③同一の議案につき株主総会にて議決権の10分の1以上の賛成を得なかった日より3年を経過していないときは、会社は、当該議題または議案を株主総会に付議しないことができます（会295Ⅱ・305Ⅵ）。

①の例としては、経営政策の決定に関する事項やその他の業務執行に関する事項等の取締役会の権限とされている事項、②の例としては、議案の内容が公序良俗に反する提案、取締役としての欠格事由を有する取締役候補者の提案、定款の定員を超える役員の選任、配当可能利益を超過する配当金額の提案、③の同一か否かの判定は、実質的な内容の判断であり、例えば、前回提案と同じ配当金増額提案でも、決算期が異なれば別な議案とされます。

このように、内容の審査は、画一的な判断基準をもって行うことはできず、多様な提案があり得ることから、株主提案を付議するか否かは担当役員や顧問弁護士等との入念な打合せにより取締役会に諮ることが必要になります。

ⅵ）取締役会による株主総会付議議題の決定

前記のとおり、株主提案がなされた場合、法的要件の充足と、議案

2．株主総会関係事務および配当金関係事務

の内容に審査を行ったうえで、最終的に株主総会の付議議題とするか否かは、取締役会が決定します（会298 I ②・Ⅳ）。

vii）招集通知への記載

　株主総会の付議議題とすることとした場合には、前記の招集通知および参考書類に記載します。招集通知の会議の目的事項については、会社提案と株主提案を分けて記載するのが一般的です（122頁**書式Ⅲ**－㉔・㉕参照）。

viii）委任状の作成

　株主提案のあった場合には、招集通知の記載に合わせて、会社提案と株主提案を別議案として分けて表示するのが一般的です。

ix）委任状の集計

　株主が会社提案と同種類の議案、例えば、剰余金の配当が株主と会社の両方から提出された場合で、株主が両議案とも「賛」の意思表示をしてきた場合の取扱いを事前に決めておく必要があります。

◇**株式実務 Q&A ⑩**◇

Q　株主提案があったら？

A　株主提案があった場合の手続の流れは概ね以下のとおりです。
①　株主から株主提案権行使の申出
②　書面による行使の提出依頼
③　書面の受理
④　書類審査（株主確認、行使期限の確認、保有要件の確認、提案権の数・内容確認）
⑤　取締役会による株主総会付議議題の決定
⑥　招集通知・参考書類・委任状の作成

Ⅲ 株主名簿の確定と権利行使

■書式Ⅲ−㉔ 株主提案に係る招集通知の目的事項の記載例

目的事項
　報告事項　　・・・・・記載省略・・・・
　決議事項
　（会社提案）
　第1号議案　剰余金配当の件
　第2号議案　定款一部変更の件
　第3号議案　取締役○名選任の件
　第4号議案　監査役○名選任の件
　（株主提案）
　第5号議案　取締役○名選任の件

■書式Ⅲ−㉕ 株主総会に係る参考書類の記載例

（株主提案）
第5号議案は、株主提案によるものであります。
第5号議案　取締役○名選任の件
（1）提案の理由
　　　　・・・・・記載省略・・・・
（2）提案の内容

氏　名 （生年月日）	略　歴
フリ ガ ナ ○○　　○○ （○年○月○日生）	○年○月　○○大学卒業 ○年○月　○○株式会社入社 ○年○月　同社取締役就任 ○年○月　同社専務取締役就任 ○年○月　同社取締役社長（現任）

　　〈社外取締役に関する事項〉
　　　・・・・記載省略・・・・
（3）取締役会の意見
　　当社取締役会としては、会社提案の取締役候補者を選任していただくことが、将来の経営体制を勘案しても最適であると考えます。したがいまして、本提案には反対いたします。

2．株主総会関係事務および配当金関係事務

（2） 配当金関係事務

　以下では、剰余金の配当のうち、期末配当（金銭かつ、配当原資が利益剰余金の場合）に関する支払手続を解説します。

① 剰余金の配当（期末配当）の決議

　会社法では、一定の要件を満たし定款の規定により取締役会決議で行える場合や中間配当を除き、原則として株主総会決議により剰余金の配当を決議します（72頁**書式Ⅲ－⑦**「第2号議案　剰余金配当の件」参照）が、その決議事項として次の項目が規定されています（会454Ⅰ）。

●剰余金の配当の決議事項

①　配当財産の種類および帳簿価額の総額
②　株主に対する配当財産の割当に関する事項
③　剰余金の配当が効力を生ずる日

　このほか、剰余金の配当により減少する剰余金の額に10分の1を乗じた額を資本準備金または利益準備金として（準備金の額が資本の4分の1に達するまで）計上しなければなりません（会445Ⅳ、会規116⑨、会計規22・23）。

　①の配当財産の種類および帳簿価額の総額については、金銭による配当であれば「金銭」となり、帳簿価額の総額は、配当金額の総額となります。

　②の株主に対する配当財産の割当に関する事項については、会社は剰余金の配当の決議に際して各株主の有する株式数に応じて配当財産を割り当てることを定めなければならないこと（会454Ⅲ）や従前の慣例から、1株当たりの配当金額を明示することになります。

　③の効力発生日については、基準日株主が行使することができる権利は、基準日から3か月以内に行使するものに限ると規定されていま

Ⅲ　株主名簿の確定と権利行使

すので（会124Ⅱ）、原則として配当基準日から3か月以内の日が支払いの効力発生日となるよう設定します（配当基準日から3か月以内に配当決議がされ配当請求権が確定すれば、支払いの効力発生日が当該基準日から3か月を超えても会社法124条に反しないとした判決（平成26年4月17日東京地裁判決）もありますが、実務的には本文のように解されています）。なお、期末配当の場合には、一般的に株主総会日の翌営業日となります。

②　配当金額の計算と源泉徴収税

　会社は、剰余金の配当決議において定めた効力発生日に直ちに配当金の支払手続に着手しなければなりません。したがって、株主総会で期末配当を決議する場合には、総会日の翌営業日には配当金を支払うのが一般的です。

　このため、会社は、株主総会に先立って開催される取締役会で配当金についての承認（内定）が行われた段階で配当計算を開始することになります。

　配当計算とは、基準日現在の株主名簿に基づいて、1株当たりの配当金額に各株主の所有株式数を乗じ、源泉徴収を要する所得税等を控除して、各株主の配当金額を計算することをいいます。この配当計算の結果を一覧表にまとめたものを配当金原簿（133頁**書式Ⅲ－㉖**参照）といい、これを作成しておくと株主からの照会等に対応することが容易になり便利です。

　未上場株式の配当金に対する源泉徴収税率は、軽減税率が適用されず住民税の特別徴収もなく20％となっています（所182②）。また、平成25年（2013年）1月1日から令和19年（2037年）12月31日までは所得税額の2.1％の復興特別所得税が課せられるため、所得税源泉徴収税率は20.42％となります（復興法13）。なお、1回の支払金額が10万円に配当計算期間の月数を乗じて12で除した金額以下の少額配当については、所得税について確定申告は不要となります（租特法8の5Ⅰ①）。

2．株主総会関係事務および配当金関係事務

●配当金額の計算式

① 　1株当たりの配当金×株式数＝配当金額
② 　配当金額（円未満切捨て＊1）×所得税源泉徴収税率＝所得税額
　　（円未満切捨て＊2）
　　（＊1　国通118Ⅱ、国通令40Ⅰ、＊2　国通119Ⅱ、国通令40Ⅱ）
③ 　配当金額－所得税額＝税引き配当金額（円未満を切り上げ、配当金額の補正を行う。）

(注)　上場会社の場合にはさらに住民税が課せられます（地20の4の2Ⅰ、地令6の17Ⅰ、地20の4の2Ⅲ、地令6の17Ⅱ）。

　なお、所得税に関しては、宗教法人、学校法人、地方公共団体等の非課税法人が登記簿抄本等を添えて非課税請求を行った場合は非課税扱いとし、非居住者が租税条約に基づく届出を提出したときは条約で定められた税率を源泉徴収することになります。

　また、原則、法人税が課されていない完全子法人株式等および関連法人株式等に係る配当等については、所得税を課さず、その配当等に係る所得税の源泉徴収を行う必要はありません（所177）。該当する内国法人株主がいる場合には、所得税の源泉徴収対象外として配当金計算を実施することになります。

●源泉徴収が不要となる株主

① 　完全親法人株主（株式保有割合100％）
　　配当等計算期間の初日からその期間の末日まで継続して保有している必要あり
② 　発行済株式総数に対して3分の1超の株式を保有する内国法人株主
　　（①を除く）
　　配当基準日時点で3分の1超の株式を保有していればよい

(注)　内国法人とは、一般社団法人および一般財団法人（公益社団法人および公益財団法人を除く）、人格のない社団等ならびに法人税法以外の法律によって公益法人等とみなされている法人以外を指します。

125

Ⅲ　株主名簿の確定と権利行使

●株式保有割合の算出方法

$$\frac{法人株主の保有株式数^{※1}（普通株式＋種類株式）}{発行済株式総数^{※2}（普通株式総数＋種類株式総数－自己株式数）} \times 100$$

※1：株主が種類株式を保有している場合は、その株式数を保有株式数に含める
　　　必要があります。
※2：発行済株式総数から自己株式数を控除する必要があります。
　　　また、種類株式を発行している場合は、その株式数を加算する必要があります。
　　　す。

③　配当金の支払方法

　会社が配当を行うときは、株主名簿に記載された住所もしくは株主が会社に通知した場所において交付しなければならないとされており、いわゆる持参債務であることが規定されています（会457Ⅰ）。ただし、国外に居住する株主はこの適用外とされていますので（会457Ⅲ）、会社が支払う際に外貨送金などをする必要はなく、配当受領権限等を委任されている常任代理人または国内の仮住所宛に交付すれば足ります。

　未上場会社においては、振込払いによって配当金の支払いを行っているのが一般的です。振込払いとは、株主から事前に配当金振込指定書（134頁**書式Ⅲ－㉗**参照）により銀行等の振込口座の指定を受けて当該口座に配当金額を振り込む方法であり、株主が通知した場所における支払いということができます。この場合には、事前に取引銀行等と配当金の支払委託契約（135頁**書式Ⅲ－㉘**参照）を締結しておくことが必要となります。その契約に基づいて、支払日に各株主の指定口座に銀行が振込手続を行います。なお、この方法ではなくても株主が少数であれば、現金を直接株主に交付する方法や銀行のATMを利用した個別振込など持参債務の本旨にしたがった任意の履行方法でも差し支えありません。また、これらの配当金送付に係る振込手数料は、会社が負担しなければならないことが規定されています（会457Ⅱ）。

2．株主総会関係事務および配当金関係事務

　株主に対しては、支払金額確認等の便宜のため、配当金額や源泉徴収税額等を記載した配当金計算書・確認書等の書面（136頁**書式Ⅲ－㉙**参照）を総会終了後に株主総会の決議通知（137頁**書式Ⅲ－㉚**参照）に同封して送付するのが一般的です。

④　配当金に関する源泉徴収税等の納付手続ほか

　配当金の支払いをする者（会社）は、その支払いの際、配当について所得税を徴収し、その徴収の日の属する月の翌月10日までに、国に納付しなければならないとされています（所181Ⅰ）。

　株主それぞれの支払日や未払いの状況を把握してその月に支払った分に対する源泉徴収税を翌月10日に納税することは困難であり、かつ未払配当金についても支払確定日から1年経過した日をもって支払いがあったものとみなして源泉徴収税額の支払いを要することから（所181Ⅱ）、実務上は、支払開始日の翌月10日に全株主分の源泉徴収税額を納税する取扱いとしています。

　会社は、当該源泉徴収に係る所得税額を把握し、所得税については日本銀行の国税収納代理金融機関に納付書を添えて納税手続を行うことになります。

127

Ⅲ　株主名簿の確定と権利行使

⑤　配当金支払調書

　配当金支払会社が国内居住者・法人、外国居住者・法人に配当金を支払うときは、その支払いを受ける者の住所、氏名、株式数、配当金額等を記載した「配当、剰余金の分配及び基金利息の支払調書」およびその合計表を作成し、支払いの確定した日より1か月以内に所轄税務署長に提出しなければなりません（所225）。ただし、国内居住者に1回の支払金額が10万円に配当計算期間の月数を乗じて12で除した金額以下のものや非課税法人・信託財産に係るもの等は適用除外とされています（租特法8の5Ⅰ①、所規83Ⅱ⑤、租特令4の3Ⅱ　他）。

　なお、次に解説するマイナンバー制度により、個人番号等の告知がある場合、支払調書には株主の個人番号等を記載します（所規83Ⅰ①イ）。

⑥　マイナンバー制度

ア）概要

　マイナンバー制度とは、番号法に基づき、全国民・法人に対し「番号」を付番し、これを安全に活用することで、社会保障・税・災害対策の3分野において、国民の利便性向上および行政運営の効率化を図る制度です。

　この制度により、株式実務においては、特に税分野における対応が必要となり、具体的には、会社は上記「配当、剰余金の分配及び基金利息の支払調書」や後述する単元未満株式の買取請求に伴う「株式等の譲渡の対価等の支払調書」に株主の個人番号等を記載して税務署に提出する事務が該当します（所225Ⅰ②・⑧・⑩、所規83等、番号法9Ⅲ）。同様に支払調書合計表には会社の法人番号を記載する必要があります。なお、個人番号を利用できる事務については番号法によって限定的に定められており、会社が株式実務において番号を利用できるのは、上記のように法定調書に個人番号等を記載して、税務署に提出する場合となります。したがって、原則、株式実務においては、当該

128

2．株主総会関係事務および配当金関係事務

場合以外には株主の個人番号は利用できません。

　株式実務に関連する個人番号の記載を要する主な法定調書は次のとおりです。

●株式実務に関連する個人番号の記載を要する主な法定調書

法定調書の種類	主な処理事務	関連条文
配当、剰余金の分配及び基金利息の支払調書	剰余金の配当の支払い	所225Ⅰ②・⑧
株式等の譲渡の対価等の支払調書	単元未満株式の買取請求	所225Ⅰ⑩
交付金銭等の支払調書	組織再編等の金銭交付	所225Ⅰ⑪
名義人受領の株式等の譲渡の対価の調書	所在不明株主の株式売却	所228Ⅱ
新株予約権の行使に関する調書	新株予約権行使	所228の2
株式無償割当てに関する調書	株式無償割当て	所228の3

イ）個人番号等の取得

　個人番号は国民1人ひとりに通知されているため、原則として会社は知り得ないことから、支払調書を作成するにあたり、株主の個人番号をどのように取得するかが問題となります。未上場会社の場合には、以下の方法等で株主から個人番号を取得することが考えられます。なお、法人番号については、国税庁の法人番号公表サイトで検索することにより取得可能です。

　会社は、個人番号事務実施者として、個人番号利用事務等を処理するために必要があるときは、本人に対し個人番号の提供を求めることができるとされています（番号法14Ⅰ）。個人番号の取得に際しては、株主に利用目的、すなわち、番号法および所得税法等に基づき法定調書に個人番号を記載し税務署に提出しなければならない旨を明示した

うえで、提供してもらうことになります。具体的な取得方法として
は、法定調書を作成する事務処理が発生する都度個人番号の告知を求
めるのが原則となりますが（所224Ⅰ、所令336Ⅰ）、株主が株主とし
ての地位を得た時点で個人番号の提供を求めることも可能と解されて
います（「特定個人情報の適正な取扱いに関するガイドライン（事業
者編）」個人情報保護委員会　令和6年5月一部改正23頁）。

　また、株主から一斉に取得する方法として、株主総会の決議通知等
の株主宛通知に、利用目的等を明記した個人番号の提供を依頼する書
面や個人番号を記載してもらう書面（告知書）（138頁**書式Ⅲ—㉛**参
照）を同封して送付し、それらに本人確認書類の写しを添付して提出
してもらうことにより取得することも考えられます。

ウ）本人確認

　提出された番号が正しい個人番号であること（番号確認）、および
現に手続を行っている者が個人番号の正しい持ち主であることを確認
（身元確認）するため、本人確認が必要となります（番号法16、国税
庁ホームページ等参照）。

　具体的には、次のいずれかの書類の提示を受ける方法により本人確
認を行います（番号法16、番規1等、番令12）。なお、原則、対面で
本人確認を行うのが望ましいとされていますが、対面によることが難
しい場合には、下記各書類の写しの提供により本人確認を行うことが
可能です。また、株主が従業員等であって人違いでないことが明らか
であると会社が認める場合には、身元確認は要しないとされています
（番規3Ⅴ）。

●本人確認を行う場合に使用する書類の例

①　個人番号カード（番号確認と身元（実存）確認）
②　通知カード（番号確認）と運転免許証など（身元（実存）確認）※

※会社が写真表示のない身分証明書等により身元（実存）確認を行う場合には身
　元確認書類が2種類以上必要です。

エ）安全管理措置

　会社は、個人番号の漏えい、滅失または毀損の防止その他の個人番号の適切な管理のために必要な措置（以下、「安全管理措置」といいます）を講じなければならないとされています（番号法12）。安全管理措置の構築にあたっては、前記ガイドラインを参考にすることが考えられます。なお、同ガイドライン「（別添）特定個人情報に関する安全管理措置（事業者編)」において、中小規模事業者（従業員の数が100人以下の事業者等）については、事務で取扱う個人番号の数量が少なく、また、特定個人情報等を取り扱う従業者が限定的であること等から、特例的な対応方法が示されています。

　また、個人番号は、前記の事務を処理する必要がなくなった場合で、所管法令において定められている保存期間を経過した場合には、できるだけ速やかに廃棄または削除しなければなりません。

　以上のように、個人番号は、利用範囲が限定されており、その管理も厳重に行わなければなりません。個人番号を取り扱う際には、ガイドライン等を参考に適切な運用・管理体制を整えることが重要となります。

Ⅲ　株主名簿の確定と権利行使

⑦　未払配当金の管理

　配当金振込口座が解約、口座番号の相違等の理由によって配当金が振込不能になった場合に、未払配当金が生じます。未払株主の管理については、配当金計算時に作成した配当金原簿に準じて、未払株主の一覧表である「未払配当金管理台帳」（139頁書式**書式Ⅲ－㉜**参照）を作成して管理することも考えられます。これにより、未払株主からの請求があった場合、未払配当金管理台帳に基づいて未払いの事実を確認したうえで銀行振込等の方法によって配当金を支払い、支払った株主を未払配当金管理台帳から抹消します。具体的には、未払株主から支払請求があった場合、当該株主の届出住所宛に「配当金送金依頼書」（140頁**書式Ⅲ－㉝**参照）を送付し、支払方法等必要事項を記入、届出印を押印のうえ、返送してもらい、当該指示に従って支払う方法が考えられます。

　なお、未払配当金を未払金として長期間管理することは会社にとって負担であり、しかも毎年累積していくことから、多くの会社では定款において「配当金の支払いを開始した日から3年（あるいは5年等）を経過しても受領されないときは、会社はその支払いの義務を免れる」旨を定めています。この規定は、除斥期間すなわち配当金支払請求権の存続期間を定めたもので不当に短くない限り有効と解されており、判例においても5年の支払期間を定めた定款について有効としています（大審院昭和2年8月3日判決民集6巻484頁）。

　除斥期間経過後に未払配当金の支払請求がなされた場合は、定款の規定どおり支払う必要はありませんが、株主の便宜のために客観的要件に基づく消滅時効（権利を行使することができる時から10年、民166Ⅰ②）の適用を原則とし、定款に定める除斥期間を経過していても支払う取扱いとしている会社もあります。

　なお、会計処理としては、未払株主の確定をもって、未払配当金を負債に計上することになります。そして、定款に定めた除斥期間経過後は、雑収入として処理することが考えられます。

2．株主総会関係事務および配当金関係事務

■書式Ⅲ－㉖　配当金原簿

配当金原簿

（第○期（○年○月期）期末配当金）

１株当たり配当金額10円　　　効力発生日　○年○月○日
株主名　○○○○　　　　　　株主番号　001

所有株式数	配当金額	源泉徴収税額	支払金額	支払方法
100株	1,000円	204円	796円	銀行振込
銀行名	支店名	預金種目	口座番号	口座名義人
○○銀行	○○支店	普通	000000000	○○○○○

133

Ⅲ　株主名簿の確定と権利行使

■書式Ⅲ—㉗　配当金振込指定書

配当金振込指定書（新規・変更）

※　太わくの中だけご記入ください。　　　年　　　月　　　日

会社名		御中

株主

□□□—□□□　電話番号＿＿＿＿（　　　）＿＿＿＿

住所 ……………………………………………………………

氏名 ……………………………………………………………

（会社お届出印）

株主番号	

私名義の配当金は、全額下記指定のとおりお振込みください。

銀行　　　　　　　　　支店			
金融機関番号	店番号	種目	口座番号
		普通1（総合）当座2	

口座名義人	フリガナ	
	氏名	

〈お願い〉下記記載の（ご注意）をご参照のうえご記入ください。

（ご注意）
1．この指定書は株主1名につき1枚お書きください。
2．この指定書には必ず会社へのお届出印をご使用ください。
3．期末配当またはその他の基準日を定めての配当いずれかのみの振込指定はお取扱いいたしません。
4．預金種目（該当のものを○で囲む）、口座番号、口座名義人（フリガナ）も明記してください。なお、記載内容に相違があった場合には、配当金が入金されない場合もあります。
5．住所変更その他により振込口座を変更される場合は、新たに指定書をご提出ください。その場合は標題の変更の箇所に○印をお付けください。
6．この指定書が会社決算日または各配当基準日までに会社に到着しない場合は、ご指定口座へのお振込が次回からとなることがありますので、あらかじめご承知置きください。

2．株主総会関係事務および配当金関係事務

■書式Ⅲ－㉘　株式配当金支払事務委託書（全株懇モデル）

株式配当金支払事務委託書

年　　月　　日

殿

住　　所
委託会社
（代表者）　　　　　　　印

下記の要領により当社株式配当金支払事務の取扱いを貴行に委託します。

委 託 事 項	当社第　　　期〔期末配当・中間配当〕〔第１四半期、第２四半期、第３四半期、第４四半期〕配当金支払事務
領収証制の取扱期　　　　間	年　　月　　　日から 　　　年　　月　　　日まで （ただし、手形交換により呈示された配当金領収証は翌営業日まで）
取 扱 店	貴行　　　　　店（取りまとめ店）および（本）支店
支 払 資 金	支払資金は支払開始日の前日までに貴行（取りまとめ店）に振込む。
支 払 方 法	支払方法は下記の該当項目に○印を示す方法による。 １．配当金領収証による一覧払制 ２．振込依頼書による振込制 ３．磁気テープによる振込制
添 付 書 類	配当金領収証による支払方法の場合には、領収証見本を添付する。
取 扱 手 数 料ならびに所 要 実 費	
精　　　　　算	支払資金残金の返戻は当社から別途依頼する。 取扱手数料および立替実費等に関しては取扱期間経過後貴行の請求により精算する。
備　　　　　考	配当金総額　　　￥　　　　　　　　　　　　　（税込） １株につき　　　￥　　　　　　　　　　　　　（税込） 支払開始日　　　　　　　年　　月　　　日
取 扱 要 領	株式配当金支払事務の取扱いは、この委託書によるほか、全国株懇連合会と全国銀行協会が別に定めた「株式配当金事務取扱要領」による。なお、上記事務取扱要領に定めのない事項について、貴行所定の取扱いに従い正当と認めて支払われたものにつき事故が生じた場合には、すべて当社において引き受け処理をする。
連 絡 場 所	

（注）１．端数株式処分代金等をこの委託書により委託する場合には、その旨委託事項欄に明記する。
　　　２．株主名簿管理人を置いているときは、その社名、部名、住所および電話番号を連絡場所欄に記入する。

規格 B4（縦364mm　横257mm）

Ⅲ　株主名簿の確定と権利行使

■書式Ⅲ－㉙　配当金計算書・確認書

〇年〇月〇日

_____ 様

東京都〇〇区〇〇〇△△町〇－〇
株式会社〇〇〇〇
取締役社長　　〇〇〇〇

配　当　金　計　算　書

第〇期の期末配当金は、下記のとおりでありますので、ご通知申し上げます。

所有株式数	1株当たり配当金	期末配当金額	税額（率）	差引支払金額
〇〇〇株	〇〇円	〇〇〇〇円	〇〇〇円 （20.42%）	〇〇〇〇円

配当金振込先のご確認について

貴方様より、すでにご指定いただいております配当金振込先は、下記のとおりであります。

なお、配当金振込先にご変更、ご訂正等ございましたら、当社へお届出くださいますようお願い申し上げます。

銀行・支店コード	銀行名・支店名	種目	口座番号	口座名義人
XXXXXXXXXXX	〇〇銀行〇〇支店	普通	XXXXXXXXXXX	〇〇〇〇〇〇〇

株式会社〇〇〇〇

２．株主総会関係事務および配当金関係事務

■書式Ⅲ－㉚　定時株主総会決議通知書

株主各位　　　　　　　　　　　　　　○○年○○月○○日
　　　　　　　　　　　　東京都○○区○○町○丁目○○番○○号
　　　　　　　　　　　　　　　　　　○○○○株式会社
　　　　　　　　　　　　　　　取締役社長　　○○○○

　　　　　　　第○回定時株主総会決議ご通知

拝啓　平素は格別のご高配を賜り、厚く御礼申し上げます。
　さて、本日開催の当社第○回定時株主総会において下記のとおり報
告ならびに決議されましたので、ご通知申し上げます。
　　　　　　　　　　　　　　　　　　　　　　　　敬　　具
　　　　　　　　　　　　　　記
報告事項
　　　第○期（○○年○○月○日から○○年○○月○日まで）事業報告
　　の内容報告の件
　　　　　本件は、上記事業報告の内容を報告いたしました。
決議事項
第１号議案　第○期（○○年○○月○日から○○年○○月○日まで）
　　　　　　計算書類承認の件
　　　　　　　本件は、原案どおり承認可決されました。
第２号議案　剰余金配当の件
　　　　　　　本件は、原案どおり承認可決され、期末配当は、１株
　　　　　　につき○円と決定いたしました。
第３号議案　取締役３名選任の件
　　　　　　　本件は、原案どおり承認可決され、取締役に○○○○、
　　　　　　○○○○および○○○○の３氏が選任されそれぞれ就
　　　　　　任いたしました。
第４号議案　監査役１名選任の件
　　　　　　　本件は原案どおり承認可決され、監査役に○○○○が
　　　　　　選任され就任いたしました。

　　　　　　　　　　　　　　　　　　　　　　　　以　　上

137

Ⅲ　株主名簿の確定と権利行使

■書式Ⅲ－㉛　個人番号または法人番号の告知書

年　　月　　日

個人番号または法人番号の告知書

株式会社○○○○　御中

私名義の貴社株式について、所得税法施行規則第83条（配当等の支払調書）、同規則第90条の2（株式等の譲渡の対価等の支払調書）等の支払調書に個人番号等を記載することが求められているので、下記のとおり、個人番号または法人番号を告知いたします。

住所	〒　　－　　　　電話（日中連絡先）　　　　　－　　　　　　－
氏名	（フリガナ）

個人番号または法人番号（利用目的：支払調書の作成事務）

※左詰めでご記入ください。（個人番号12桁、法人番号13桁）
※ご記入いただいた番号と番号確認書類に記載の番号とが相違していた場合には、番号確認書類に記載された番号を登録させていただきます。

【社用欄】
●番号確認書類（書類名を記載）
　　・・・・・・・・・
●代理人の場合（書類名を記載）
　　・・・・・・・・・
●提示を受けた本人確認書類（書類名を記載、法人の場合は不要）
　＜顔写真ありの場合（1種）＞
　　・・・・・・・・・
　＜顔写真なしの場合（2種）＞
　　・・・・・・・・・
　　・・・・・・・・・

2．株主総会関係事務および配当金関係事務

■書式Ⅲ−㉜　未払配当金管理台帳

未払配当金管理台帳
（第○期（○年○月期）期末配当金）
1株当たり配当金額10円　効力発生日　○年○月○日　除斥日　○年○月○日

株主番号	株主名	配当金額	源泉徴収税額	支払金額	支払方法	再支払日
001	○○○○	1,000円	204円	796円	銀行振込	
010	○○○○	2,000円	408円	1,592円	銀行振込	
020	○○○○	5,000円	1,021円	3,979円	銀行振込	

◇株式実務 Q&A ⑪◇

Q　株主から未受領の配当金の支払請求があったら？

A　未払配当金管理台帳を確認し、未受領か除斥期間が経過していないかを確認します。支払ってよい株主であれば、配当金ごとに送金依頼書を提出してもらい、それにより指定の方法で支払います。なお、送金依頼書は当該配当金に対するものであるため、あらためて振込指定書を提出してもらいます。また、振込不能が転居による口座変更の場合も考えられるため、住所変更届の有無もあわせて確認するとよいでしょう。

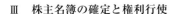

III 株主名簿の確定と権利行使

■書式Ⅲ-㉝ 配当金送金依頼書

区分	第〇期期末配当金
ご所有株式数	100株
配当金額	1,000円
税引配当金額	796円

〒000-000
東京都〇〇区〇〇町〇丁目〇番〇号
〇〇　〇〇　　様

配当金送金依頼書

株式会社〇〇〇〇　　御中

上記配当金を下記指定欄に記載のとおり、送金くださいますよう依頼します。

（お届出印）

金融機関番号	店番号	銀行　　　　　　　　　　　店	
		種　目	口　座　番　号
		1. 普通（総合口座）　2. 当座	

フリガナ	
口座名義人	
ご連絡先電話番号	―　　　　―

〔お願い〕

1．上記指定欄の太枠内に必要事項をご記入、お届出印ご押印のうえ、下記宛ご送付ください。
2．未支払を確認のうえ、送金させていただきますので、あらかじめご了承ください。

　［ご送付先］
　　　〒000-0000　神奈川県〇〇市〇〇区〇〇町〇丁目〇番〇号
　　　株式会社〇〇〇〇　総務部宛
　　　電話　0000-00-0000

3．所在不明株主の株式売却制度 ||||||||||||||||||||||

(1)　所在不明株主の株式売却制度とは

　株主総会招集通知等、会社の株主宛通知または催告は、株主名簿上の住所または株主が会社に通知した宛先に対して発すれば足りると規定されています（会126）が、この通知または催告が5年以上継続して到達しないときは、株主に対する通知および催告をすることを要しないことが定められています（会196）。

　しかし、この規定によって、会社が株主宛通知等の発送を省略したとしても、会社は引き続き、当該株主を株主名簿上管理しなければなりませんし、また、このような株主が増加すると、議決権を行使できない株主が増加し、株主総会の定足数確保にも懸念が生ずる等の指摘がなされていました。

　そこで、平成14年の商法改正によって、このような所在不明株主の株式を競売等の方法により売却し、その代金を株主に支払う制度が創設されました（会197）。この制度を所在不明株主の株式売却制度といいます。ただし、株主に当該株式の売却代金を支払うといっても支払うべき株主の所在が不明であるため、結局、供託するか、会社が保管して請求があった際に支払うことになります。

(2)　要　件

　所在不明株主の株式として売却できるのは、次のいずれにも該当する株式とされています（会197Ⅰ）。

① その株式の株主宛通知または催告が5年以上継続して到達しない場

> 合または無記名式の取得条項付新株予約権（会社の株式を交付する
> 場合に限る）が会社に提出されず株主名簿に記載されない場合
> ② その株式の株主が継続して 5 年間剰余金の配当を受領しなかった場
> 合

　上記②の要件については、会社が剰余金の配当を実施したにもかか
わらず受領されなかった場合のほか、無配である場合にも満たされま
す（江頭・前掲書215頁注12）。また、登録株式質権者がある株式の場
合は、登録株式質権者宛通知または催告も 5 年間継続未達であり、か
つ剰余金の配当も未受領であることが要件になります（会197Ⅴ）。

(3) 所在不明株主の株式売却手続

　会社が、所在不明株主の株式売却制度を利用するためには、上記要
件を満たすか否かを把握しなければなりません。そのため、招集通知
等の株主宛通知の返戻状況および配当金の未受領状況を、返戻された
郵便物の現物をそのまま保管する方法等により 5 年間管理しなければ
なりません（裁判所（東京地裁）ホームページ「所在不明株主の株式
売却許可申立事件についての Q & A」参照）。上記の要件が整い、所
在不明株主の株式を売却するには、株主その他利害関係人が 3 か月以
上の一定の期間内に異議を述べることができる旨その他法務省令で定
める事項を公告（**書式Ⅲ－㉞参照**）し、かつ株主および登録株式質権
者宛に通知することが必要になります（会198Ⅰ、会規39）。

　異議申述の期間内に利害関係人が異議を述べないときは、期間の末
日に株券が無効になります（会198Ⅴ）。その後、会社は株券を再発行
して売却し、その代金を所在不明株主に支払う手続を行うことになり
ます。未上場会社が売却する場合は、競売もしくは裁判所の許可を得
た売却に限られるため、会社が適当な買受人を定めて処分することは
できません。なお、裁判所の許可を得る方法には、取締役会決議に
よって売却する株式の全部または一部を会社が買い取る方法も含まれ
ますが、この場合は、財源規制がかかります。

3．所在不明株主の株式売却制度

■書式Ⅲ－㉞　所在不明株主の株式売却公告例（官報）

所在不明株主の株式の競売又は売却に伴う異議申述公告

当社は、左記の所在不明株主の株式を、競売又は売却することとしたので、これに対し異議のある利害関係人は、本公告掲載の翌日から三箇月以内にお申し出ください。

令和○年○月○日

東京都○○区○○町○丁目○番○号

株式会社○○○○
取締役社長　○○　○○

記

株主名簿上の株主の氏名及び住所	株式の種類及び数	株券の番号
○○○ △△△ △△△ 埼玉県○○市○○町一－二	普通株式一〇〇株	甲00一
○○○ △△△ 東京都○○区○○三－四	普通株式五〇〇株	甲00二～六
○○○ △△△ 千葉県○○市○○町五－六	普通株式一〇〇〇株	乙00一
××株式会社 □□□ □□□ □□□ 大阪府○○市○○区七－八	普通株式三〇〇〇株	乙00二～四

以上

Ⅲ　株主名簿の確定と権利行使

─── ◇株式実務 Q&A ⑫◇ ───

Q　所在不明株主の株式売却の手続はどうすればよいか？

A　所在不明株式の株式を売却するには、株主その他利害関係人が３か月以上の一定期間内に異議を述べることができる旨、株式を売却する旨、株主の住所・氏名、株式数、株券が発行されているときは当該株券の番号（会198、会規39）を公告し、かつ株主および登録株式質権者に対して通知することが必要となります。

異議申述期間内に利害関係人が異議を述べなかったときは、会社は所在不明株主の株式を売却するか、その全部または一部を買い取ることができます（会197ⅡないしⅣ）。会社が買い取る場合は、自己株式の取得になりますので、分配可能額の範囲内であることを要し（461Ⅰ）、取締役会で、買い取る株式の数、買い取るのと引換に交付する金銭の総額を決議する必要があります（会197Ⅲ・Ⅳ）。

Ⅳ 単元未満株主の権利および買取請求手続

1．単元株制度の概要
2．単元未満株主の権利
3．単元未満株式の買取請求手続

Ⅳ 単元未満株主の権利および買取請求手続

1. 単元株制度の概要 ||||||||||||||||||||||||||||||||||||||

　単元株制度とは、一定の株式数を1単元としてくくり、株主総会の議決権が1単元につき1個付与される制度をいいます。会社は、その発行する株式について、定款で規定することにより、一定の数の株式（例えば1,000株・100株など）を1単元とし、株主総会において1単元につき1個の議決権が付与されるという単元株制度を採用することができます（会188）。

2. 単元未満株主の権利 ||||||||||||||||||||||||||||||||||||||||||

　1単元に満たない数の株式（単元未満株式）を有する株主（単元未満株主）は、その有する単元未満株式について、株主総会において議決権を行使することができません（会189Ⅰ）。そのほか、単元株制度を採用する会社は、単元未満株主に対し、次に掲げる権利（法定権利）以外の権利の全部または一部を行使することができない旨を定款で定めることができます（会189Ⅱ）。なお、単元未満株主の権利については、議決権および議決権数を基準とする少数株主権は認められないものの、他の権利は解釈に委ねられており、議決権に関しない代表訴訟提起権（会847）などは認められるとされています。したがって、会社は、定款で定めることにより、こうした権利を与えるか否かを明確にすることができます。

　例えば、単元未満株主の権利を制限する場合として、付与する権利を会社法第189条第2項各号の法定権利に加えて、株主の有する株式数に応じて募集株式の割当ておよび募集新株予約権の割当てを受ける権利、会社に対する取得請求権付株式の取得を請求をする権利（会166Ⅰ）を列挙し、それ以外の権利を行使することができない旨およ

2．単元未満株主の権利

び単元未満株券を発行しない旨（株券発行会社の場合）を定款に規定
することが考えられます（148頁**書式Ⅳ－①**参照）。

●単元未満株主の法定権利（会189Ⅱ）

① 会社による全部取得条項付種類株式の取得に際して取得対価の交付
　を受ける権利
② 会社による取得条項付株式の取得と引換えに金銭等の交付を受ける
　権利
③ 株式無償割当てを受ける権利
④ 単元未満株式買取請求権
⑤ 残余財産分配請求権
⑥ その他法務省令で定める権利（会規35）
　ａ．定款閲覧・謄抄本交付請求権（会31Ⅱ）
　ｂ．株主名簿記載事項証明書交付請求権（会122Ⅰ　株券不発行会社
　　　のみ）
　ｃ．株主名簿閲覧・謄写請求権（会125Ⅱ）
　ｄ．名義書換請求権（会133Ⅰ）※
　ｅ．譲渡制限株式の譲渡承認請求権（会137Ⅰ）※
　ｆ．株式売渡請求により特別支配株主が売渡株式の取得の対価として
　　　交付する金銭の交付を受ける権利
　ｇ．株式併合、株式分割、新株予約権無償割当て、剰余金の配当、組
　　　織変更により金銭等の交付を受ける権利
　ｈ．吸収合併・新設合併により会社が消滅する場合で、存続会社・新
　　　設会社が交付する金銭等の交付を受ける権利
　ｉ．株式交換・株式移転により完全親会社が交付する金銭等の交付を
　　　受ける権利
　ｊ．譲渡制限会社における株券交付請求権（会215Ⅳ）
　ｋ．株券不所持の申出をする権利（会217Ⅰ）
　ｌ．株券不所持申出株主の株券交付請求権（会217Ⅵ）

※株券不発行会社における当該請求権は、相続その他の一般承継等、会社法施行
　規則第35条第1項第4号に掲げる場合に限ります。

147

IV　単元未満株主の権利および買取請求手続

■書式Ⅳ－①　単元未満株式についての権利に関する定款規定例（株券発行会社）

（単元株式数および単元未満株券の不発行）
第○条　当会社の単元株式数は、100株とする。
　　2　当会社は、前条の規定にかかわらず、単元未満株式に係る株
　　　券を発行しない。ただし、株式取扱規程に定めるところにつ
　　　いてはこの限りではない。
（単元未満株式についての権利）
第○条　当会社の株主は、その有する単元未満株式について、次に掲
　　　げる権利以外の権利を行使することができない。
　（1）会社法第189条第2項各号に掲げる権利
　（2）会社法第166条第1項の規定による請求をする権利
　（3）株主の有する株式数に応じて募集株式の割当ておよび募集新
　　　株予約権の割当てを受ける権利

3．単元未満株式の買取請求手続 ||||||||||||||||||||||||||

　単元未満株主の有する権利のうちの代表的な例として、単元未満株
式の買取請求（会192）について以下に解説します。

(1)　単元未満株式買取請求権とは

　単元未満株主は、会社に対し単元未満株式を買い取ることを請求す
ることができます（会192Ⅰ）。これを単元未満株式の買取請求権とい
います。前述のようにこの権利は、定款をもってしても奪うことはで
きません。

(2)　買取請求の手続

①　買取請求の受付

　単元未満株式の買取りを請求する場合、単元未満株主は買取請求書

148

（151頁**書式Ⅳ－②**参照）に住所、氏名、買取請求株式数、買取代金の振込先等を記入し、届出印を押印のうえ、株券が発行されている場合は、株券を添えて会社に提出します。

　単元未満株式の買取請求はその請求に係る単元未満株式数を明らかにして行わなければならず（会192Ⅱ）、会社は、通常、買取請求の意思等を確認するため株式取扱規程等において書面によるべきことを定めています（152頁**書式Ⅳ－③**参照）。また、会社法では株券が発行されている場合は株券と引換えに代金を支払うとされていますが（会193Ⅶ）、単元未満株式買取請求書に株券を添えて会社に提出すべきことについても株式取扱規程等に定めています（**書式Ⅳ－③**参照）。

　買取請求の効力は、単元未満株式買取請求書および株券（発行されているとき）が会社に到着したときに生じます。会社は、単元未満株式買取請求書の記載事項および本人確認書類等を確認のうえ、処理を行うことになります。

②　買取価格

　未上場会社株式は市場価格がないため、買取価格は、会社と買取請求者との協議によって決定します（会193Ⅰ②）。ただし、買取請求者または会社は、買取請求をした日から20日以内に裁判所に価格決定の申立をすることができます（会193Ⅱ）。裁判所は、請求時の会社の資産状態その他一切の事情を考慮して価格を決定するので、買取価格はこれによることとなります（会193Ⅲ・Ⅳ）。また、協議が調わず、買取請求の日から20日以内に裁判所に価格決定の申立をしなかったときは、1株当たり純資産額に買取請求した単元未満株式数を乗じて得た額をもって当該単元未満株式の価格とします（会193Ⅴ）。

　なお、一般的には、会社があらかじめ取引実績や資産状況等を勘案した価格を決定しておき、株主の同意（153頁**書式Ⅳ－④**参照）を得て買取価額を決定する方法がとられているようです。

Ⅳ　単元未満株主の権利および買取請求手続

③　買取代金の支払い

　買取代金の支払いは、買取価格決定の日の翌日から6営業日以内に支払うことを株式取扱規程等に規定しているのが一般的です。買取請求書であらかじめ指定された銀行口座への振込等により買取請求者に支払われ、送金手数料は会社が負担します。また、買取請求者に対して買取代金の計算書（154頁**書式Ⅳ－⑤**参照）を送付します。

　買取請求株式は、買取代金の支払手続を完了した日に会社に移転します（会193Ⅵ）。

④　支払調書の提出

　会社は、買取請求に対して、買取代金を支払った場合、その支払いを受ける者の住所、氏名、支払日、支払金額等を記載した「株式等の譲渡の対価等の支払調書（同合計表）」を作成し、支払確定日の翌月末日までに所轄税務署に提出しなければなりません（所225、措特法38）。

　なお、前記のとおり、マイナンバー制度により、個人番号等の告知がある場合、支払調書には株主の個人番号等の記載が必要となります（所規90の2Ⅰ①イ）。

(3)　買取請求で取得した株式の管理

　買取代金の支払手続完了の日に会社に移転した株式は、株主名簿に自社名義として登録します。すなわち、会社名義へ名義書換を行うことになります。

　このように買取請求によって取得した自己株式については、そのまま保有することも可能ですし（いわゆる金庫株）、会社再編や新株予約権の行使に際して使用したり、買増請求（定款で同制度を採用している会社に限ります）により交付する株式に充当したりすることもできます。ただし、処分する場合は、募集株式の発行手続によることになっていますので、当該手続なしでは売却等はできません（会199Ⅰ）。

3．単元未満株式の買取請求手続

■書式Ⅳ－②　単元未満株式買取請求書

単元未満株式買取請求書（兼　株式等の譲渡に係る告知）

年　　月　　日

会社名：

私が所有する貴社の下記株式について、貴社の株式取扱規程（則）に基づいて買取りを請求します。

買取代金は下記銀行口座に支払うよう請求します。

請求者　郵便番号：

住　所：

フリガナ

氏　名：＿＿＿＿＿＿＿＿＿＿＿＿＿＿＿㊞

電　話：
（連絡先）

株主番号：

捨印

（ご注意）ご住所、お名前、印が会社へお届出のものと相違しますとお手続ができませんのでご注意ください。

提出株券株式数	登録単元未満株式数	不所持株式数	合計単元未満株式数
株	株	株	株

支払方法指定欄

銀行預金口座振込

振込先　　銀 行 名：　　　　　　　銀行　　　　　　支店

金融機関番号：　　　　　店番号：

種　目：1.普通（総合）　2.当座　3.貯蓄　4.その他

口座番号：

フリガナ

口座名義人　名 義 人：

〈ご　注　意〉

1．買取請求の効力は、本請求書および株券（発行されていない場合は不要です）が当社に到着したときに生じます。

2．登録株式、不所持株式の買取請求について、ご記入の株式数が株主名簿上の株式数を超過している場合は、株主名簿上の株式数が適用されます。

3．買取代金は手数料等を差し引いたうえ、買取価格決定日から6営業日（初日不算入）以内にお支払の手続をいたします。

4．買取請求された株式は、上記3．の買取代金支払手続日に会社に移転いたします。

5．買取請求に際しては、住民票の写し等の本人確認書類をご提示いただくことになっております。

〈買取請求に伴う譲渡益課税について〉

　個人（居住者または国内に恒久的施設を有する非居住者）が、単元未満株式につき買取請求する場合、その譲渡所得に対する課税方式は、申告分離課税の対象となり他の所得とは区分して所得税が課税されます。

　なお、申告分離課税による所得税の納付手続につきましては、買取請求人ご自身が確定申告により行う必要があります。

ご提出の株券の明細				
券種	記号	番号	株数	株券の名義人

Ⅳ 単元未満株主の権利および買取請求手続

■書式Ⅳ－③ 単元未満株式の買取請求に係る株式取扱規程（則）例

（買取請求の方法）

第○条　単元未満株式の買取りを請求するときは、当会社に、所定の請求書に株券を添えて提出するものとする。ただし、株券が発行されていないときは、株券の提出を要しない。

（買取価格の決定）

第○条　前条に基づき買取請求がなされた単元未満株式の買取価格は、単元未満株式の買取りを請求した者と協議して定めた買取単価に買取請求株式数を乗じて得た金額とする。

（買取代金の支払い）

第○条　当会社は、前条により算出された額を、当会社が別途定めた場合を除き、買取価格が決定した日の翌日から起算して6営業日以内に買取請求を受けた場所において支払うものとする。

（買取株式の移転）

第○条　買取請求を受けた単元未満株式は、前条による買取代金の支払いまたは支払手続を完了した日に当会社に移転するものとする。

◇株式実務 Q&A ⑬◇

Q　単元未満株式の一部の買取請求ができますか？

A　所有している単元未満株式が登録株式であれば、その範囲内で買取請求をすることができます。しかし、単元未満株券が発行されている場合には、その株券が表示する株式の一部についての買取請求（100株券のうち50株の買取請求等）はできません。ただし、単元未満株券を不所持にすれば、その一部の買取請求が可能になりますが、通常新たな単元未満株券の発行はできませんので、釣株券（上記の例の場合50株券）の発行はできません。

3．単元未満株式の買取請求手続

■書式Ⅳ－④　買取価格同意書

単元未満株式買取請求に伴う買取価格についての同意書

〇年〇月〇日

会社名　　　株式会社　〇〇〇〇〇　御中

買取請求者　住所

　　　　　　氏名

（お届出印）

私が行った、貴社株式の買取請求に関する１株当たりの買取価格を、下記の金額とすることにつき、本書をもって同意いたします。

記

１．買取請求日　　　　　　　　年　　月　　日

２．買取請求株式数　　　　　　　　　　　　　株

３．１株当たりの買取価格　　　　金　　　　　　円

以　上

Ⅳ　単元未満株主の権利および買取請求手続

■書式Ⅳ－⑤　買取代金計算書

単元未満株式買取代金計算書

〇年〇月〇日

東京都中央区日本橋〇〇〇町〇－〇
株式会社　〇〇〇〇
取締役社長　〇〇　〇〇㊞
〔登録番号：T××××××××××××〕

拝啓　平素は格別のご高配を賜り、厚く御礼申し上げます。
さて、このたびご請求のありました単元未満株式の買取請求につきまして、
お手続が完了いたしましたので、下記のとおりご通知申し上げます。

敬具

記

ご請求人の住所　　　神奈川県川崎市〇〇〇〇町〇－〇
氏名　　　〇〇〇　〇〇　様
株主番号　　　×××××

買取請求日　　　　　〇〇年〇月〇日
株式の種類
買取株式数　　　　　　　×××株
買取単価決定日　　　〇〇年△月×日
買取単価　　　　　　　〇．〇円
買取金額　　　　　　〇〇〇〇〇円
買取手数料　　　　　　〇〇〇〇円
（内消費税額（10％））　　〇〇〇〇円

お支払金額	〇〇〇〇円

お支払方法　　　銀行振込
〇〇〇銀行〇〇支店　普通口座
口座番号〇〇〇〇〇〇〇〇

【ご注意】
　この「単元未満株式買取代金計算書」は、確定申告の際に必要となりますので大切に保管ください。

154

V 募集株式の発行、株式の分割の手続

1．募集株式の発行
2．株式の分割

V 募集株式の発行、株式の分割の手続

1. 募集株式の発行 ||||||||||||||||||||||||||||||||||||||||||||||

(1) 募集株式の発行手続

　募集株式の発行とは、会社が設立後に資金調達などを目的として新たに株式を発行し、または自己株式を処分するため、引受人を募集し、申込者に株式を割当て、出資の履行を受ける手続をいいます。一般的には、新たに株式を発行する行為として増資もしくは新株発行といわれています。

　本章では、募集株式の発行手続について、利用頻度の高い第三者割当増資（金銭払込み）の手続を中心に解説いたします。第三者割当増資とは、全株主がその持株数に応じて割当てを受けるのではなく、特定の株主または株主以外の者が募集株式を引き受ける増資形態をいいます。特定の出資者の資本参加を受けその企業集団の傘下に入る場合、取引先等に出資を仰ぐ場合、資本提携を図る場合等に利用されます。

(2) 募集事項の決定

　会社が新株もしくは自己株式の引受人を募集するときは、次の事項（これらの事項を「募集事項」といいます）を定めなければなりません（会199 I）。

① 募集株式の数（種類株式発行会社にあっては、募集株式の種類および数）
② 募集株式の払込金額（募集株式1株と引換えに払い込む金銭または給付する金銭以外の財産の額）またはその算定方法
③ 金銭以外の財産を出資の目的とするときは、その旨ならびに当該財

1．募集株式の発行

　　産の内容および価額
④　募集株式と引換えにする金銭の払込みまたは③の財産の給付の期日またはその期間
⑤　新株発行のときは増加する資本金および資本準備金に関する事項

　この募集事項の決定は、譲渡制限会社では、株主総会の特別決議が必要となります（会199Ⅱ・309Ⅱ）。ただし、株主総会で募集株式数の上限と払込金額の下限を定めて募集事項の決定を取締役会（取締役会非設置会社は取締役）に委任することもできます（会200Ⅰ）（158頁**書式Ⅴ－①**参照）。この株主総会の委任に基づく取締役会決議（158頁**書式Ⅴ－②**参照）は、株主総会決議の日から1年以内の日に払込期日（もしくは払込期間の末日）が到来する募集についてのみその効力を有します（会200Ⅲ）。種類株式発行会社で譲渡制限種類株式の募集を行う場合には、別途当該種類株主総会の特別決議も必要になります（会199Ⅳ　定款で排除することが可能です）。

　会社法では、前記募集事項の④にあるとおり、払込期間を設けることが認められており、その場合は、引受人が期間内に出資の履行を行うと、履行日に新株発行または自己株式処分の効力が生じて株主となることができます（会209）。引受人の資金手当等の都合で払込可能な日にばらつきが生ずる場合に、従前から実務上行われている申込期間の設定でもカバーできますが、その場合は払込期日が到来してはじめて一律に株主になるのに対して、払込期間を設定しておけば、随時払込みを行った者から株主となることができます。

　なお、新株発行によって発行可能株式総数を超過する場合は、あらかじめ株主総会の定款変更決議によって発行可能株式総数を拡大しておくか、新株発行までに定款変更決議を行うことを停止条件にして募集事項の決定を行っておく必要があります。

Ⅴ　募集株式の発行、株式の分割の手続

■書式Ⅴ－①　株主総会議案例（募集事項の決定を取締役会に委任する場合）

第○号議案　第三者割当による募集株式発行の募集事項の決定を当社取締役
　　　　　　会に委任する件
　会社法第200条の規定に基づき、下記の範囲内において第三者割当による
募集株式発行の募集事項の決定を当社取締役会に委任することにつきご承認
いただきたいと存じます。
　　　　１．募集株式の数の上限　　　普通株式○○○○株を上限とする。
　　　　２．払込金額の下限　　　　　１株につき金○○○○○円を下限とする。

※有利発行の場合は、株主総会において当該払込金額で募集することを必要とす
る理由を説明しなければならないため、議案に記載しておく必要があります。

■書式Ⅴ－②　取締役会議事録例

第○号議案　第三者割当による募集株式発行の件
　議長は、○○年○○月○○日開催の株主総会において承認可決された「第
三者割当による募集株式発行の募集事項の決定を当社取締役会に委任する
件」に基づき、下記の募集事項のとおり募集株式の発行を行いたい旨を述
べ、詳細な説明を行った後に賛否を諮ったところ、出席取締役は全員異議な
くこれを承認可決した。
記

１．募集株式の数	普通株式○○○株
２．払込金額	１株につき金○○○○○円
３．申込期間	○○年○○月○○日（曜日）から
	○○年○○月○○日（曜日）まで
４．払込期日	○○年○○月○○日（曜日）
５．増加する資本金	金○○○○○○円
６．増加する資本準備金	金○○○○○○円
７．引き受け先	○○○○　　　　○○○株
	○○○○　　　　○○○株
	とし別添のとおり総数引受契約を締結する。
８．払込みの取扱いの場所	（名　称）株式会社○○銀行　○○支店
	（所在地）東京都○○区‥

以　上

1. 募集株式の発行

(3) 募集株式の申込み

　会社は、募集株式の申込みにあたり、申込みをしようとする者に募集事項や払込取扱場所等の一定事項を通知しなければなりません（会203Ⅰ、会規41）。ただし、金融商品取引法にしたがって目論見書を交付している等の場合には、当該通知は不要となります（会203Ⅳ、会規42）。

　また、募集株式の引受けの申込みをする者は、氏名または名称および住所、引き受けようとする募集株式数を記載した書面を会社に交付（または電磁的方法による提供）しなければなりません（会203Ⅱ）。なお、募集事項等の通知と申込手続は、会社と引受人との間で募集株式の総数引受契約（2人以上で総数を引き受ける契約でも可能です）（162頁**書式Ⅴ-③**参照）を締結する場合には必要ないとされています（会205）。また、募集株式が譲渡制限株式であるときは、定款で別段の定めがある場合を除き、総数引受契約は取締役会設置会社の場合には取締役会決議による承認が必要です（会205Ⅱ）。

(4) 募集株式の割当て

　会社は、申込者の中から募集株式の割当てを受ける者および割当株式数を定めなければなりません（会204Ⅰ）。この決定は募集株式が譲渡制限株式の場合は株主総会の特別決議（取締役会設置会社は取締役会決議）によります（会204Ⅱ　定款で別段の定めをすることも可能です）。

　会社は、払込期日の前日もしくは払込期間の初日の前日までに申込者に対し割当株式数を通知しなければなりません（会204Ⅲ）。この割当者の決定および割当通知についても、引受人との間で募集株式の総数引受契約を締結する場合には不要とされています（会205）。

V 募集株式の発行、株式の分割の手続

(5) 募集株式の引受人の出資の履行

　募集株式の引受人（割当通知を受けた申込者または総数引受契約によって引き受けた者）は、払込期日または払込期間内に、会社が定めた銀行等の払込みの取扱場所において募集株式の払込金額の全額を払い込まなければなりません。引受人は払込期日（払込期間を定めた場合は出資の履行をした日）において出資の履行をした募集株式の株主となります（会209）。会社が株式を発行した場合は、株主となった者の住所・氏名等株主名簿記載事項を株主名簿に記載しなければなりません（会132）。

(6) 株券の発行

　株券発行会社が株式を発行した場合は、株券発行日以後遅滞なく株券を発行する必要があります（会215Ⅰ）。株券発行後、株主に対しては株券に割当通知（株券送付案内　163頁**書式Ⅴ－④**参照）を添付して書留郵便で送付するのが一般的です。ただし、譲渡制限会社である株券発行会社の場合は、株主から請求があるときまでは株券を発行しないでおくことができ（会215Ⅳ）、株券発行のコストを削減できますが、発行請求があった場合には遅滞なく発行できるよう予備株券の手当てをしておく等の対応が必要です。

(7) 募集株式発行の登記

　募集株式の発行により、発行済株式の総数、種類・種類ごとの数、資本金の額につき払込期日（払込期間を設定した場合はその末日）から2週間以内に本店において変更登記をしなければなりません（会915）。

　金銭払込みの株式発行の登記申請に際して添付する書面は、次のと

おりです（法務省民事通達　法務省民商第782号20頁）。

① 募集事項等の決定機関（譲渡制限会社では割当決定機関を含む）に応じ株主総会、取締役会等の議事録
② 募集株式の引受けの申込みまたは総数引受契約を証明する書面
③ 払込みを証明する書面
④ 資本金の額が会社法および会社計算規則の規定にしたがって計上されたことを証明する書面

③の払込みを証明する書面とは、次のa．またはb．のいずれかで差し支えないとされており（同通達8頁）、募集設立の場合を除き、従前の払込金保管証明は要求されていません。

a．金融機関の払込金受入証明書
b．代表取締役の作成した証明書に払込取扱機関における口座の預金通帳の写しまたは取引明細表その他払込取扱機関が作成した書面を合てつしたもの。

(8) 日　程

前記の第三者割当てによる募集株式発行の日程例を示すと次のようになります。

●第三者割当増資の日程例（総数引受契約を締結する場合）

― 株主総会（募集事項決定（取締役会に委任する決議も可能）会199Ⅰ、201Ⅰ）

― 引受人との総数引受契約の締結（会205）

― 申込期間

― 払込期日、新株発行効力発生日

―（株券交付）
　　　　　　　　払込期日（払込期間を定めた場合は期間の末日）から
　　　　　　　　2週間以内
▼― 発行済株式総数等の変更登記（新株発行の場合。会915）

161

V　募集株式の発行、株式の分割の手続

■書式Ｖ－③　募集株式の引受契約書

募集株式の引受契約書

年　　月　　日

会　　社（甲）東京都○○区○○○△△町○丁目○番○号

株式会社○○○○

取締役社長　　○○○○

印

引受人（乙）東京都○○区……

○○　　○○

印

　上記株式会社○○○○（以下甲という）が発行する下記募集株式を引受人○○○○（以下乙という）が引き受けることに関し契約を締結する。

　本契約の成立を証するため本書２通を作成し、甲・乙記名捺印のうえ、各１通を保有する。

記

1．銘　　柄　　　　　　　　株式会社○○○○株式
2．募集株式数　　　　　　　○○○○株（普通株式）
3．募集株式の払込金額　　　１株につき　金000,000円
4．払込金額の総額　　　　　金00,000,000円
5．払込期日　　　　　　　　○年○月○日
6．増加する資本金および資本準備金の額
　（1）増加する資本金の額　　１株につき金000,000円
　（2）増加する資本準備金の額　　１株につき金000,000円
7．払込の取扱場所
　　東京都○○区・・・
　　○○銀行　　○○支店
　　普通預金　　　口座番号○○○○○○○
　　口座名義人　　株式会社○○○○

以　　上

1．募集株式の発行

■書式Ⅴ－④　第三者割当の場合の株券送付案内例（株券発行の場合）

〒000-0000
東京都○○区○○町○丁目○○番
○号
○○　○○　　　様

割当新株式数（普通株式）	○○○○株
送　付　株　券　内　訳	
券　　　種	枚　　　数
○○○○株券	○枚

　　　　　　　　新株券送付のご案内
拝啓　平素は格別のご高配を賜り、厚く御礼申し上げます。
　さて、○○年○○月○○日発行の第三者割当増資による新株券をご送付いたしますので、ご査収くださいますようお願い申し上げます。
　　　　　　　　　　　　　　　　敬具

○○年○○月○○日
東京都○○区○○町○丁目○○番○号
　　　　　　　　○○○○株式会社
　　　　　　取締役社長　　○○○○

◇株式実務Q&A ⑭◇

Q　　コストがかかるので新株発行に際して株券を発行しないことはできるか？

A　　株券発行会社は、株券を発行した日以後遅滞なく、当該株式に係る株券を発行しなければなりません（会215Ⅰ）ので、コストがかかるからといって株券を発行しないことはできません。

　ただし、株券発行会社であっても譲渡制限会社であれば、株主からの請求がない限り株券を発行する必要はありません（会215Ⅳ）。また、株主が株券不所持の申出をした場合（会217）や定款により単元未満株式に係る株券を発行しない旨を定めた場合（会189Ⅲ）には、株券の発行は必要ありません。

　なお、株券発行のコスト削減のために、所定の手続により株券不発行会社に移行するのも１つの手段ではあります。

163

V 募集株式の発行、株式の分割の手続

2. 株式の分割 ||||||||||||||||||||||||||||||||||||||||||||||||||||

(1) 株式分割とは

　株式の分割（一般に株式分割といいます）とは、会社が、発行する株式を例えば1株を2株にするように、任意の比率で既に発行している株式を細分化してそれよりも多い数の株式にすることです（会183Ⅰ）。具体的には会社が基準日を定め（会124）、基準日現在の株主名簿上の株主が、その所有株式数に割当比率を乗じた株式を効力発生日において取得することになります。この結果、効力発生日において発行済株式総数も増加することになります。

　株式分割を行うと1株当たりの株価は下がりますので、高株価の会社が株式分割を行って株価を抑制する等の目的で行われます。

(2) 株式分割の日程

① 株式分割の決議

　株式分割を行う場合は、取締役会（取締役会を置かない会社は株主総会）で次の事項を決議しなければなりません（会183Ⅱ）（**書式Ⅴ－⑤参照**）。

> ① 株式分割により増加する株式総数の株式分割前の発行済株式総数（種類株式発行会社は分割する種類の発行済株式）に対する割合（割当比率）および分割基準日
> ② 株式分割の効力発生日
> ③ 株式会社が種類株式発行会社である場合には、分割する株式の種類

　なお、株式分割を実施した場合は、会社は、2以上の種類の株式を

発行している場合を除き、株主総会の決議によらないで株式分割効力発生日に発行可能株式総数を増加する定款変更をすることができます（会184Ⅱ）（**書式Ⅴ－⑤**参照）。増加できる株数は、効力発生日前日の発行済株式総数に割当比率を乗じて得た数の範囲内です。

■**書式Ⅴ－⑤　取締役会議事録例**

第○号議案　　株式分割の件
　　議長は、下記のとおり株式の分割を行いたい旨を述べ、詳細な説明を行った後に賛否を諮ったところ、出席取締役は全員異議なくこれを承認可決した。

記

１．○○年○月○○日（○曜日）付をもって、次のとおり普通株式１株を○株に分割する。
（１）分割により増加する株式数　　　　　　普通株式○,○○○株
（２）分割の方法
　　　　○○年○月○日（○曜日）を基準日として株主の所有株式数を、１株につき○株の割合をもって分割する。ただし、分割の結果生ずる１株未満の端数株式は、これを一括売却または買受けし、その処分代金を端数の生じた株主に対し、その端数に応じて分配する。
２．発行可能株式総数の増加（行う場合）
　　会社法第184条第２項の規定に基づき、株式の分割の効力発生日である○○年○月○日（○曜日）付をもって当社定款第○条を変更し、発行可能株式総数を○,○○○株増加して○,○○○株とする。
３．その他この株式の分割に必要な事項は、今後の取締役会において決定する。

以　　上

② 　公　　告

　取締役会決議において、上記のように株式分割に係る基準日等を定めた場合には、会社はその基準日の２週間前までに当該基準日および

V 募集株式の発行、株式の分割の手続

取締役会で定めた事項を公告しなければなりません（会124Ⅲ）（**書式Ⅴ－⑥**参照）。

■書式Ⅴ－⑥　株式分割の基準日設定公告例（官報）

> 基準日設定につき通知公告
>
> 当社は、令和○年○月○○日を基準日
> と定め、同日最終の株主名簿上の株主をもっ
> て、その所有する株式○○株を△△株とする
> 株式分割により株式の割当を受ける株主と定
> めましたので公告します。
>
> 令和○年○月○○日
>
> 東京都○○区○○町○丁目○番○号
>
> 　　　　　○○○○株式会社
>
> 取締役社長　○○○○
> 　　　　　　○○○○

③ 割当原簿の作成

　基準日現在の株主名簿に記載された株主の所有株式数に割当比率を乗じて割当株式数を算出し、割当状況の一覧表である割当原簿を作成します。割当原簿には一般的に次の項目が記載されます。この割当原簿に基づいて株券発行会社の場合には株券の作成も行います。

① 株主の氏名
② 割当基準日現在所有株式数
③ 割当株式数
④ 株券の種類、記号、番号

2．株式の分割

④　株式分割の効力発生日

　前記のように取締役会において株式分割の効力発生日も決議します。効力発生日をいつにするかについては、上場会社の場合には、取引所のルールにより基準日の翌日が効力発生日とされています。未上場会社の場合には、このルールの適用はありませんので、任意に決定することができますが、上場会社のように基準日の翌日を効力発生日とするか、あるいは割当計算と株券作成に要する日数を勘案して、基準日から40〜50日程度を目安に効力発生日を定めることも考えられます。

　基準日現在の株主名簿上の株主は、その所有株式数に割当比率を乗じて得た数の株式を効力発生日において取得することになることから（会184Ⅰ）、会社は、効力発生日に該当株主の株式を株主名簿上、増加させることになります。

　なお、株式分割を行った場合は、効力発生日から2週間以内に本店において発行済株式の総数、発行可能株式総数（変更する場合）の変更登記を要します（会915）。

⑤　割当通知および株券の送付

　法律上の要請ではありませんが、一般的に、会社は株式分割を行った場合、株主に割り当てられた株式に関する通知を送付します（169頁**書式Ⅴ−⑦**参照）。

　また、株券発行会社の場合、分割の結果、株券の割当てがなされた株主については、遅滞なく株券を交付する必要がありますので（ただし、譲渡制限会社の場合、株主から請求があるときまでは株券を発行しないでおくことができます）、この通知が株券送付の案内状を兼ねることになります。なお、株券不所持申出がなされている株式については、増加した株式について新たに株券不所持申出をしなくても、不所持の取扱いをすることができるといわれていますが、株主に確認することも考えられます。

　株券を送付する場合には、書留郵便で送付するのが一般的です。

V 募集株式の発行、株式の分割の手続

⑥ 1株に満たない端数の処理

　株式分割を実施した結果、1株に満たない端数が生じたときは、その端数の合計数に相当する株式を競売し、かつ、その競売代金を端数の生じた株主に対しその端数に応じて交付しなければなりません（会235Ⅰ）。

　また、競売に代えて、市場価格のない未上場株式の場合には、裁判所の許可を得て競売以外の方法によりこれを売却することができます（会234Ⅱ・235Ⅱ）。この場合、会社は売却する株式を取締役会決議によって買い取ることもできます（会234Ⅳ）。

　このようにして売却して得られた代金を株式分割によって1株未満の端数が生じた株主に対して、その端数に応じて分配することになります。

　支払方法としては、株主の指定している配当金の振込口座に振り込むことにより行われます。事業年度末日を株式分割の基準日とした場合、処分代金と剰余金の配当（期末配当）と合算して支払うことも可能です。配当金と同様、端数が生じた株主に対しては端数処分代金に関する計算書を株主宛送付します。

●株式分割の日程

- ― 株式分割の取締役会決議（会183Ⅱ、取締役会を置かない会社は株主総会）
- ― 基準日公告（株式分割決議公告）、株主宛取締役会決議通知送付
  - ↑中2週間前
- ― 基準日（会124Ⅰ）、割当計算、端数株式の確定
- ― 株式分割効力発生（基準日の翌日とした場合）
  - ↓2週間以内
- ― 発行済株式総数、発行可能株式総数の変更登記（会915）
- ― 端数株式処分の取締役会決議
- ― 端数株式処分
- ― 株券交付・株主宛割当通知送付
- ― 配当金支払い（端数株式処分代金の合算）

2．株式の分割

■書式Ⅴ－⑦　株券送付案内例（株式分割、株券発行会社）

〒000-0000
東京都○○区○○町○丁目○○
番○号
　○○　○○　　様

増加株式数 （普通株式）	○○○○株 (内登録株　　株)	
送　付　株　券　内　訳		
券　　種	枚　　数	
○○○○株券	○枚	

株式の分割に関するご通知ならびに株券送付のご案内

　拝啓　平素は格別のご高配を賜り、厚く御礼申し上げます。
　さて、○○年○○月○○日開催の当社取締役会の決議により、○○年○○月○○日付で、○○年○○月○○日（分割基準日）現在の貴方様ご所有の普通株式1株を○株に分割いたしました。分割の結果、貴方様に対し追加発行される株式数は、左記増加株式数欄に記載のとおりです。増加株式数のうち、単元株式数の整数倍に当たる株式につきましては送付株券内訳欄記載の株券を同封ご送付申し上げますとともに単元未満株式につきましては株主名簿に登録いたしましたのでご通知申し上げます。

　　　　　　　　　　　　　　　　　　　　　　敬具
○○年○○月○○日
　　　　　　　　東京都○○区○○町○丁目○○番○号
　　　　　　　　　　　　　　○○○○株式会社
　　　　　　　　　　　　　取締役社長　○○○○

VI 株券喪失登録

1. 株券喪失登録制度の概要
2. 株券喪失登録の手続

Ⅵ 株券喪失登録

1. 株券喪失登録制度の概要 ||||||||||||||||||||||||||||||||||||

　株券喪失登録制度とは、株券発行会社において株主が株券を喪失した場合に、喪失した株券を無効にして当該株主に新しい株券を交付する制度です。

　具体的には、喪失株券を株券喪失登録簿（会221）に記載して閲覧に供し、所持人などから抹消申請がなければ、株券喪失登録日の翌日から起算して1年を経過した日に喪失株券が無効になり、新しい株券を再発行する手続となります（会228）。喪失登録された株券の所持人がいれば、所持人は株券喪失登録の抹消を請求でき（会225）、自分の株券が無効になることを防止できます（株券喪失登録者と株券所持人の間で権利の帰属につき争いがある場合は裁判上の解決を図ることになります）。

　株券喪失登録制度は、従前の公示催告・除権判決の制度に代えて、平成15年4月1日から実施されましたが、この制度は株券についてのみ適用されるものなので、株券以外の有価証券、例えば、新株予約権証券、新株予約権付社債券、手形、小切手等については、公示催告・除権判決の手続によることになります（会291・699、民施57条ほか）。

2. 株券喪失登録の手続 ||||||||||||||||||||||||||||||||||||||||

(1)　株券喪失登録の請求

　株券喪失登録の請求手続は、法務省令（会規47）に定めるところによるとされ（会223）、必要書類は次のとおりです。

　株主名簿上の名義人または登録株式質権者が株券喪失登録の請求を

2．株券喪失登録の手続

行う場合は、①および③のみ提出することになります。

> ①　株券喪失登録請求書（179頁**書式Ⅵ－①**）
> ②　請求者が喪失株券を株主名簿上の取得年月日以後に所持していたことを証する資料（会規47Ⅲ②）
> 　a．相対取引で取得した場合は売買日付のある契約書
> 　b．相続で取得した場合は戸籍謄本、遺産分割協議書等相続書換と同様の書類
> ③　株券の喪失の事実を証する資料（会規47Ⅲ①）
> 　a．公的書類（盗難届証明書、遺失届証明書、焼失届証明書、罹災証明書）
> 　b．公的書類が取得できない場合は上申書
> ④　申請者の印鑑証明書その他氏名または名称および住所が①の申請書に記載の住所・氏名と同一であることが確認できる資料
> 　印鑑証明書を原則とし、これが提出できないときは、a．運転免許証、b．健康保険証、年金手帳、c．住民票（法人の場合は登記簿抄本）

　株券喪失登録請求手数料については法律上特に規定はありませんが、喪失者が株券再発行を受けられるというその者の利益のためなので、合理的費用は株券喪失登録者に負担させることができるとされています（前田庸「商法等の一部を改正する法律案要綱の解説Ⅰ」商事法務№1621　13頁）。会社においては、株主から徴収する株券喪失登録請求手数料を株式取扱規程等に定めているのが一般的です。

　会社は、株券喪失登録がなされた株券については、株券喪失登録が抹消されるか、登録日の翌日から１年を経過して株券が無効になるまで名義書換することはできません（会230Ⅰ）。

(2)　株券喪失登録簿の作成

　会社は、株券喪失登録の請求がなされた場合には、株券喪失登録簿（180頁**書式Ⅵ－②**参照）を作成し、次の①から④の事項を記載します（会221）。

173

① 株券喪失登録の請求に係る株券の番号
② 株券喪失者の氏名または名称および住所
③ 喪失株券の名義人（または登録株式質権者）の氏名または名称および住所
④ 株券喪失登録日

(3) 名義人および名義書換請求者に対する喪失登録の通知

① 名義人に対する通知

　非名義人が株券喪失登録の請求をした場合（名義書換未済の株券を喪失し、株券喪失登録請求した場合）は、会社は遅滞なく名義人に対し次の事項を通知しなければなりません（会224Ⅰ）（181頁**書式Ⅵ−③**参照）。

① 名義人の株券について株券喪失登録した旨
② 株券喪失登録の請求に係る株券の番号
③ 株券喪失者の氏名または名称および住所
④ 株券喪失登録日

　これは、虚偽や錯誤により株券喪失登録請求された場合、名義人である株券所持人が知らない間に自己の株券が無効となってしまうことを防止する趣旨です。したがって、実務上本通知に登録抹消申請書を同封して、株券を所持している場合は後述の抹消申請をしてもらうよう案内することになります。

② 名義書換請求者等に対する通知

　喪失登録株券が、名義書換等の権利行使のため会社に提出されたときは、会社は遅滞なくその株券を提出した者に対し、株券喪失登録がなされている株券である旨を通知しなければなりません（会224Ⅱ）。後述の抹消申請等により株券喪失登録が抹消されない限り、名義書換

することはできないので（会230Ⅰ）、実務上は、喪失登録株券であることが判明したら名義書換手続を停止し、前述の通知を行うとともに喪失登録の抹消申請をしないと株券が無効になる旨も案内することになります。

(4)　株券喪失登録簿の閲覧・謄写請求

　株券喪失登録簿は、会社の本店に備え置き、何人も営業時間内いつでも利害関係ある部分に限り閲覧または謄写請求することができます（会231）。株券喪失登録簿は、株券発行会社であれば備え置き、閲覧に供しなければなりません。

　閲覧請求権者は「何人も」とあり、特に限定されていないので、無制限に閲覧を認めることによる悪用や個人情報保護の観点からの懸念がありますが、閲覧請求に際しては、その請求理由を明らかにしなければなりません。例えば、取得しようとしている株券あるいは所持している株券が喪失登録されているかどうか知るためと主張されれば認めざるを得ません。その場合でも閲覧に供する情報は「利害関係がある部分に限る」とあるので、取得しようとする株券が喪失登録株券かどうか知りたいのであれば記番号一覧のみ閲覧させればよいことになります。こうしたことから閲覧請求に際しては理由を確認できる請求書を求めることになります。

(5)　株券所持人の抹消申請

　喪失登録のなされた株券を所持する者（前記(3)②により、名義書換等のため提出した株券が喪失登録された株券である旨の通知を受けた者を含みます）は、抹消の申請（183頁**書式Ⅵ－⑤**参照）をすることができ、自己の株券が無効になってしまうことを防止することができます（会225Ⅰ）。ただし、喪失登録日の翌日より起算して１年を経過して無効となった株券については抹消申請をすることができません。

175

VI 株券喪失登録

　抹消申請に際しては法務省令（会規48）の定めるところにより申請者の氏名または名称および住所を明らかにした申請書と株券を提出することを要します。

　株券所持人からの抹消申請を受領した会社は、遅滞なく株券喪失登録者に対し抹消申請者の氏名または名称、住所および抹消申請株券の番号を通知しなければならず、この通知の日から2週間を経過した日に当該株券の喪失登録を抹消しなければなりません（会225Ⅲ・Ⅳ）。2週間の起算日は書類が到達した日からと考えられますが、本通知を配達証明郵便等で送付した場合に株主が不在等株主側の事情により受領されなかったときに抹消申請が不安定になることから、普通郵便で送付し通常到達する予定日をもって起算することになります。

　喪失登録の抹消がなされた後は、株券を無効にするか否かの問題ではなく、通知を受けた株券喪失登録者と抹消申請者との間で権利の帰属を争うことになりますので、会社はどちらが正当な権利者かどうかの判断を行うことなく喪失登録を抹消することになります。このように株券喪失登録者と抹消申請者の訴訟になる可能性があるため、条文の規定はありませんが、抹消申請者が株主名簿上の株主以外の場合は、連絡先確認のため本人確認書類の提示を求めることとしています。

　株券喪失登録者は、抹消申請がなされた旨の通知から抹消までの2週間の間に自己が権利者であることを裁判上主張する場合は、占有移転禁止等の仮処分を申し立てることもでき、これにより抹消申請者が転売して第三者に善意取得される機会を阻止することができます。会社は、喪失登録を抹消した際に、抹消申請者に株券を返還しなければなりませんが、占有移転および占有名義移転禁止の仮処分がなされた場合は仮処分にしたがって株券を返還せずに裁判所に提出する（執行官への引渡し）等の手続になります。

2．株券喪失登録の手続

(6)　株券喪失登録者による抹消の申請

　株券喪失登録者は、株券喪失登録の抹消を申請することができます（会226）。喪失登録した後に当該株券が見つかったり、売却したものを紛失したと勘違いして喪失登録したものの後日これに気づいた場合等株券喪失登録者からの申請により登録を抹消する必要があるからです。

　抹消申請に際しては法務省令に定めるところにより申請者の氏名または名称および住所ならびに当該申請に係る株券喪失登録がなされた株券の番号を明らかにした申請書を提出することを要します（会規49）。

　会社は、株券喪失登録者からの抹消申請を受けた日に抹消申請にかかる株券喪失登録を株券喪失登録簿から抹消しなければなりません。

(7)　喪失登録株券の無効と株券の再発行

　喪失登録された株券は、抹消されたものを除き、株券喪失登録のなされた日の翌日から起算して1年を経過した日に無効となります（会228）。具体的には、8月31日に喪失登録がなされた場合、9月1日から起算し、1年を経過した日である翌年の9月1日に無効になります。

　会社は、株券が無効になった場合は、無効株券についての喪失登録者に対し、株券を再発行しなければなりません（会228Ⅱ）（184頁**書式Ⅵ－⑥**参照）。

(8)　異議催告手続との関係

　株式併合、譲渡制限の設定、会社再編等会社法第219条第1項各号の株券提出期間を設けた場合に、株券を提出することができない株主

に対して、当該株主の請求により、利害関係人は異議あれば一定の期間内（3か月以上）に述べるべき旨を公告したうえ、異議なければ新株券等を交付することができる異議催告手続制度を設けています（会220Ⅰ）。

　株券喪失登録者が、喪失登録を行った株券につき、この異議催告手続を利用すべく請求してきた場合は、異議申立期間満了日が、喪失登録によって無効となるべき日より前に到来する場合に限り、異議催告手続きを利用できることになっています（会229Ⅰ）。利用した場合は、公告日に喪失登録を抹消する必要があります（会229Ⅱ）。

(9)　喪失登録株券に係る議決権の停止

　株券喪失登録者が、喪失登録を行った株券の名義人でないときは、喪失登録抹消日まであるいは喪失登録日の翌日から起算して1年を経過した日までの間は株主総会において議決権を行使することができないとされています（会230Ⅲ）。したがって、総株主の議決権の数からも控除することになります。

　また、株式分割等が行われた場合には、会社は名義人に対して新株券等を与えれば足り、株券喪失登録者は、名義人に対し、新株券について不当利得返還請求をすることになります。

2．株券喪失登録の手続

■書式Ⅵ－①　株券喪失登録請求書

株券喪失登録請求書

年　　月　　日

○○○○株式会社　御中

下記の貴社株券を喪失しましたので、貴社所定の手数料を添えて喪失登録を
請求します。

記

捨印

会社名			株券の種類および数			株
券種	記号		番　　号		枚	数
喪失株券の名義		1．請求者　2．請求者以外（該当する番号に○をお付けください）				
喪失の理由						

以　上

請求者

住　所　　〒　　　　　　　　　　　　　　電話

氏　名　　　　　　　　　　　印

【ご注意】
1．株券喪失登録を請求なさるときは、上記にご記入、ご押印のうえ、以下の書類を
　添付してください。
　　なお、ご押印に当たっては、株主名簿上の株主様の場合はお届出印を、株主名簿
　上の株主様でない場合（他人名義株券を喪失された場合）は、印鑑証明書をご使用
　ください。
（1）　当該株券の取得の事実を証明する資料（株主名簿上の株主様または登録株式質
　　権者である場合は不要）
　　　①　売買を行った時の売買の日付が記載された契約書（譲渡人の印鑑証明書を添
　　　　付してください。）
　　　②　その他の場合はその事実を証明する書面
（2）　当該株券の喪失の事実を証明する資料
　　　　警察署等の発行する盗難届証明書、遺失届証明書、焼失届証明書、罹災届証
　　　明書、請求者の上申書
（3）　請求書に記載された氏名または名称および住所を証明する資料（株主名簿上の
　　　株主様または登録株式質権者である場合は不要）
　　　　印鑑証明書（正当な理由により印鑑登録ができない場合は、公的機関発行の
　　　証明書）
2．株券喪失登録が受理されますと、登録期間経過後（株券喪失がされた日の翌日か
　ら起算して1年が経過した日）に当該株券は無効となります。
3．株券喪失登録に対して登録抹消の申請があった場合は、登録抹消申請者の氏名、
　住所、登録抹消申請がなされた株券の番号および株券喪失登録の抹消日をご通知い
　たします。
4．登録抹消の申請がなく、株券が失効期間経過後に無効となった場合は、あらためて
　ご通知いたします。

Ⅵ 株券喪失登録

■書式Ⅵ-②　株券喪失登録簿

株券喪失登録簿							
喪失登録日	株券喪失者	住所	喪失登録株券				株券の名義人
			券種	記号	番号	枚数	

◇株式実務 Q&A ⑮◇

Q　株主から株券が見当たらない旨の申出があった場合どうしたらよいか？

A　よく探してもらうとともに、当該株主が株券不所持の申出をしていないか、過去に名義書換（他の者に譲渡）をしていないかを株主名簿等により確認します。株券を発行していて、どうしても株券が見つからない場合には、株券喪失登録の手続を行ってもらいます。

2．株券喪失登録の手続

■書式Ⅵ－③　非名義人が喪失登録を行った場合の名義人宛株券喪失登録通知書

年　　月　　日

○○○－○○○○
神奈川県○○市○区○○○○町○─○
○○　○○様

株式会社○○○○
東京都中央区日本橋○○○町○－○
取締役社長　　○○○○○

株券喪失登録通知書

　貴方様名義の下記株券につき、下記の者から会社法の規定に基づく株券喪失登録がなされましたので、ご通知申し上げます。
　「株券が無効となるべき日」をもって、該当株券は無効株券となります。下記株券をお手持ちのときは、別紙「登録抹消申請書」に必要事項をご記入のうえ、お届出印を押印していただき、株券を添付して、至急ご提出ください。

記

会社名			株券の種類および数		株
株券喪失登録日			株券が無効となるべき日		
券種	記号		番号		枚　数
喪失登録をした者の住所および氏名	郵便番号		電話番号　－　　－		
	住　所				
	氏　名				

以　上

Ⅵ　株券喪失登録

■書式Ⅵ−④　株券喪失登録請求受理通知書

年　　月　　日

○○○−○○○○
神奈川県○○市○区○○○○町○−○
○○　○○様

株式会社○○○○

東京都中央区日本橋○○○町○−○

取締役社長　　○○○○○

株券喪失登録請求受理通知書

　貴方様の株券喪失登録請求が下記のとおり受理されましたので、ご通知申し上げます。

　なお、株券喪失登録請求書に記載のご住所、氏名等に変更が生じたときは、変更届の提出が必要となりますので、ご注意ください。

記

会社名		株券の種類および数		株
株券喪失登録日		株券が無効となるべき日		
券種	記号	番号	枚　数	

以　　上

2．株券喪失登録の手続

■書式Ⅵ－⑤　株券所持人による株券喪失登録抹消申請書

株券喪失登録抹消申請書

年　　月　　日

○○○○株式会社　御中

株券喪失登録された下記の貴社株券を添付して、株券喪失登録抹消を申請します。

記

（捨印）

会社名		株券の種類および数		株
券種	記号	番　　号	枚	数

以　上

申請人

〒　　　　　　　　　　　　　　　電話

住　所 ＿＿＿＿＿＿＿＿＿＿＿＿＿＿＿

氏　名 ＿＿＿＿＿＿＿＿＿＿＿（印）

【ご注意】
1．株券喪失登録抹消申請をなさるときは、本申請書にご記入、ご押印のうえ、お手持ちの当該株券を添付して申請してください。
2．株主様以外の方がご申請される場合は、申請書に記載された氏名または名称および住所を証明する以下の書類についても、あわせて添付ください。
　　・印鑑証明書（正当な理由により印鑑登録ができない場合は、公的機関発行の証明書）
3．株主様以外の方については、名義書換をされないと、株主としての権利が行使できませんので、ご注意ください。
4．株券喪失登録抹消申請が受理された場合は、株券喪失登録者に対して、登録抹消申請者の氏名、住所、登録抹消申請がなされた株券の記号番号を通知いたします。
　　この通知が到達した日から２週間を経過した日に、上記株券に関する株券喪失登録は抹消されます。

Ⅵ 株券喪失登録

■書式Ⅵ−⑥　株券失効通知書

　　　　　　　　　　　　　　　　　　　　　　　　　　　　年　　月　　日

○○○−○○○○
神奈川県○○市○区○○○○町○—○
○○　○○様

　　　　　　　　　　　　　　　　　　　　　　　　株式会社○○○○
　　　　　　　　　　　　　　　　　東京都中央区日本橋○○○町○−○
　　　　　　　　　　　　　　　　　　　取締役社長　　○○○○○

　　　　　　　　　　　　　株券失効通知書

　○○年○○月○○日に喪失登録を請求されました下記の株券は、会社法の
規定に基づき○○年○○月○○日をもちまして無効となりましたので、ご通
知申し上げます。
　株券につきましては、別途株券を再発行しご送付申し上げます。
　なお、単元未満株券につきましては、当社定款の定めにより株券は発行せ
ず、株主名簿に登録いたしますので、ご承知置きください。

　　　　　　　　　　　　　　　記

会社名		株券の種類および数		株
株券喪失登録日		株券が無効となるべき日		
券種	記号	番号	枚	数

　　　　　　　　　　　　　　　　　　　　　　　　　　以　上

【ご注意】
　他人名義の株券のときは、名義書換をしてください。名義書換をなされな
いと、株主としての権利が行使できません。

VII 自己株式の取得

1．自己株式取得の意義
2．自己株式を有償取得する手続
3．相続人等に対する売渡しの請求

Ⅶ 自己株式の取得

1. 自己株式取得の意義 ▉▉▉▉▉▉▉▉▉▉▉▉▉▉▉▉▉▉▉▉▉▉▉▉▉▉▉▉▉▉▉

　自己株式の取得とは、会社が発行した株式を当該会社が自ら取得することをいいます。

　上場会社では、余剰資金の還元、ROE（自己資本利益率）の向上、株式持ち合い解消の受け皿等のために自己株式の取得が行われます。

　一方、未上場会社における自己株式の取得は、主にオーナーの所有する株式を第三者に拡散せずに会社が引き受ける場合、オーナーの相続税対策、事業承継の場面等において活用することが考えられます。

　会社法においては、会社が自己株式を取得できる場合として、以下の場合が規定されています。したがって、これらの場合に限り自己株式の取得が可能となります。

●**自己株式が取得できる場合**（会155）

① 取得条項付株式について、一定の取得事由が生じた場合
② 譲渡制限株式について、譲渡承認せず会社が買い取る場合
③ 株主との合意により自己株式を有償取得する株主総会等の決議があった場合
④ 取得請求権付株式の株主が当該株式の取得を請求した場合
⑤ 株主総会の決議により、全部取得条項付種類株式を取得する場合
⑥ 相続人等に対する譲渡制限株式の売渡請求に関する定款の定めがある場合に、会社が売渡請求をした場合
⑦ 単元未満株主から買取請求があった場合
⑧ 所在不明株主の株式を買い取る場合
⑨ 株式分割、株式併合、合併等の株式交付の際に生じた１株未満の端数を会社が買い取る場合
⑩ 他の会社の事業全部譲り受けの場合において、当該他の会社が有する会社の株式を取得する場合
⑪ 合併後消滅する会社から会社の株式を承継する場合
⑫ 吸収分割する会社から会社の株式を承継する場合
⑬ その他法務省令で定める場合

2．自己株式を有償取得する手続

　自己株式の取得に際しては、前記①から⑥まで、⑧および⑨については財源規制がかかります（会166Ⅰ・170Ⅴ・461）。すなわち、取得対価の帳簿価額の総額が、取得の効力を生ずる日における分配可能額を超えることはできません。また、前記のうち、企業再編関連（⑩〜⑫）や買取請求関連（⑦〜⑨）等のように義務として自己株式を取得する場合を除き、会社が前記の目的に応じて任意に自己株式を取得するのは、③の株主との合意により自己株式を有償取得する場合になります。また、非公開会社においては、⑥の場合にも自己株式の取得が可能となります。したがって、本章ではこれらの手続等について解説いたします。なお、②につきましては、前記Ⅱ　**5．譲渡制限株式の譲渡承認手続**をご参照ください。

　また、会社の自己株式の取得に応じ金銭等の交付を受けた株主は、みなし配当が生ずる場合があります（所25Ⅰ④、法税24Ⅰ④、所令61Ⅰ、法令23Ⅲ）。みなし配当とは、会社法上は剰余金の配当ではないものの、税法上では配当金とみなされる収益のことをいいます。会社が自己株式を取得する際に、株主に対して交付する金銭等の額が会社の資本金等の額のうちその交付の基因となった株式に対応する部分を超えるときは、その超える部分の金額がみなし配当として課税されます（所25Ⅰ④、法税24Ⅰ④）。この場合、株式を取得する会社は、みなし配当部分について所定の税率により源泉徴収して納付する必要があり、また、所定の支払調書の提出義務もあります。したがいまして、自己株式取得に係る税務につきましては、税理士等の専門家と相談のうえ対応するのがよいでしょう。

2．自己株式を有償取得する手続 ||||||||||||||||||||||||||||||

　非公開会社が、任意に自己株式を有償取得する手続については、主として次の2つの方法が考えられます。

Ⅶ　自己株式の取得

●非公開会社が自己株式を有償取得する主な方法

①　全株主から申込みを募る方法（会157～159）
②　特定の株主から取得する方法（会160～164）

(1)　全株主から申込みを募る方法（会157～159）

①　概　要

　この方法は、全株主から一定期間申込みを募って自己株式を取得する方法で、主に非公開会社において、全株主に売却の機会を与え、公平に自己株式の取得を行うために設けられた制度です。

②　株主総会決議

　この場合、株主総会の普通決議によって、次の事項を定め、取締役会設置会社の場合は取締役会に具体的取得の決議を授権します（会156Ⅰ・309Ⅰ）（193頁**書式Ⅶ－①**参照）。本決議は定時株主総会のみならず臨時株主総会でも決議することができます。

●株主総会決議事項

・取得する株式の数（種類株式発行会社は株式の種類および種類ごとの数）
・株式を取得するのと引換えに交付する金銭等の内容およびその総額
・株式を取得することができる期間（１年を超えることはできません）

③　取締役会決議および株主への通知

　取締役会においては、株主総会で授権された範囲内で取得の都度、次の事項を決議し（194頁**書式Ⅶ－②**参照）、全株主に通知します（会157・158）（195頁**書式Ⅶ－③**参照）。株主はこの通知により、自己株式の取得についての具体的な内容を知ることができ、自己が有する株式の譲渡しを会社に申し込む（会159）かどうかを判断することになります。なお、公開会社の場合には、この通知を公告に代えることが

2．自己株式を有償取得する手続

できます（会158Ⅱ）。

●取締役会決議事項

> ・取得する株式の数（種類株式発行会社は株式の種類および数）
> ・株式1株を取得するのと引換えに交付する金銭等の内容および数もしくは額またはこれらの算定方法
> ・株式を取得するのと引換えに交付する金銭等の総額
> ・株式の譲渡しの申込期日

④　その他手続

　株主が申込株式数を明示して会社に申し込むと（196頁**書式Ⅶ－④**参照）、会社は申込期日に株式の譲受けを承諾したものとみなされ、売買契約が成立します（会159）。ただし、申込株式の総数（申込総数）が取締役会において決議した「取得する株式数」（取得総数）を超えるときは、次の算式により按分した株数の譲受けを承諾したものとみなします。その後、会社は株式の取得と代金の支払いを行います。

●申込総数が取得総数を超えたときの按分算式

> 会社が譲受けを承諾したものとみなされる株数（1株未満の端数切捨て）
> 　＝当該株主が申込をした株式数×取得総数／申込総数

(2)　特定の株主から取得する方法（会160〜164）

①　概要および株主総会決議

　この方法は、会社が特定の株主にのみ売却の機会を与えて自社の株式を取得する方法です。この方法の場合、188頁②の株主総会決議事項に加え、取締役会決議通知（会158）を特定の株主に対して行う旨につき株主総会の特別決議が必要となります（会160Ⅰ・309Ⅱ②）。

　本株主総会決議においては、当該特定の株主は議決権を行使することができません（会160Ⅳ）。

189

② 売主追加請求権

　特定の株主から取得する方法の場合、当該特定の株主以外の株主は、特定の株主に自己をも加えたものを、株主総会の議案とすることを請求することができます（会160Ⅲ　売主追加請求権）。これは、特定の株主以外の株主にも換金困難な株式の売却機会を平等に与えるためです。

　このため、当該特定の株主以外の株主に対しては、特定の株主に加えて自己をも売主に追加したものを株主総会の議案とすることを請求できる旨を通知しなければなりません（会160Ⅱ）。実務的には、本通知は株主総会の招集通知に添付する参考書類に当該事項をあわせて記載することにより通知することが考えられます（197頁**書式Ⅶ－⑤**参照）。通知期限としては、原則として、株主総会の日の２週間前の日までとなっています（会規28本文）が、以下の例外があります（会規28各号）。

> ①　株主総会の招集通知を発すべき時が当該株主総会の日の２週間前を下回る期間（１週間以上の期間に限る）前である場合…当該通知を発すべき時
> ②　株主総会の招集通知を発すべき時が当該株主総会の日の１週間前を下回る期間前である場合…当該株主総会の日の１週間前
> ③　会社法第300条の規定により招集の手続を経ることなく当該株主総会を開催する場合…当該株主総会の日の１週間前

　通知を受けた特定株主以外の株主が自己の保有する当該会社の株式を売却したい場合は、自己をも加えたものを株主総会の議案とすることを、原則として株主総会の日の５日前（定款で短縮可能です）までに請求することができます（会160Ⅲ・会規29）。また、株主総会の招集通知の発すべき時期が前記の会社法施行規則第28条各号に該当する場合には３日前（定款で短縮した場合にはその期間）までとなります（会規29但書）。なお、この請求を行う株主の権利は株主総会における議案提案権（会304）の特例と位置付けられています。

③ 手続の特例

　非公開会社が相続人等から自己株式を取得する場合（会162）は、特定の株主から自己株式を取得する場合に該当しますが、この場合には、株主総会の特別決議を得るだけでよく（会156Ⅰ・160Ⅰ・309Ⅱ②）、株主への通知（会160Ⅱ）は不要で、売主追加請求権（会160Ⅲ）はありません。これは、非公開会社株式について、相続その他の一般承継が行われ、かつ相続人その他の一般承継人も当該株式を手放すことに異論がない場合に、会社が相続人その他の一般承継人との合意に基づいて当該株式を取得して会社の非公開性を維持することができるようにするためです。

　また、会社がその子会社から自己株式を取得する場合も、特定の株主からの取得の場合に該当しますが、この場合には、取締役会設置会社は取締役会決議のみで取得が可能となり、会社法第157条から第160条までは適用されず（会163）、売主追加請求権もなく、株主への通知も不要となります。

　さらに、売主追加請求を認めない旨の定款規定がある場合（会164）にも特定株主以外の株主は売主追加請求をすることはできません。

④ 株主総会後の手続

　株主総会による授権決議後、取締役会においては、個別取得に関する決議がなされ（197頁**書式Ⅶ−⑥**参照）、特定の株主にその内容を通知します（会158Ⅰ・160Ⅰ）。特定の株主はこの通知により、自己株式の取得についての具体的な内容を知ることができます。特定株主から会社に対する譲渡の申込みが行われると、取締役会で決定した譲渡の申込期日に会社が承諾したものとみなされ、売買契約が成立します（会159）。その後、会社は株式の取得と代金の支払いを行います。

Ⅶ　自己株式の取得

3．相続人等に対する売渡しの請求 ‖‖‖‖‖‖‖‖‖‖‖‖‖‖‖

　非公開会社は、その株式について、相続その他の一般承継により取得した者に対して、当該株式を会社に売り渡す旨を定款に定めることができます（会174）（198頁**書式Ⅶ－⑦**参照）。この制度は、相続等による株式の移転について、会社の承認を要するとするのではなく、一旦、相続人等に株式が移転することを前提としたうえで、会社から売渡請求をなし得る制度を設けることによって、会社にとって好ましくない株主の排除を実質的に可能としようとするものです。

　なお、前記特定の株主からの自己株式取得の一形態である相続人等からの自己株式取得（会162）は、相続人その他の一般承継人が株式を手放すことに同意している場合を前提としますが、定款規定に基づく売渡請求の場合には、相続人その他の一般承継人が株式を手放すことに同意していない場合にも利用できる点で異なります。

　この制度によって、株主に対して売渡請求を行うには、ア）相続その他の一般承継による株式取得があったこと、イ）一般承継が譲渡制限株式について生じていること、エ）定款の定めがあること、オ）取得財源があること、が要件となります。

　株主総会の特別決議によって、当該請求に係る株式の数およびこれを有する株主の氏名または名称を決議します（会175Ⅰ・309Ⅱ③）。なお、売渡請求の相手方である株主は当該総会において議決権を行使することはできません（会175Ⅱ）。

　当該株主総会決議がなされた場合、会社は、当該相続人等に対して決議に係る株式の売渡を請求することができます（会176Ⅰ本文）。この売渡請求は、株式の数を明らかにしてしなければならず（会176Ⅱ）、また、会社が相続その他の一般承継があったことを知った日から１年以内に行うことを要します（会176Ⅰ但書）。なお、会社は、いつでも当該売渡請求を撤回することができます（会176Ⅲ）。

3．相続人等に対する売渡しの請求

　売買価格の決定については、会社と相続人等との協議または裁判所の決定によります（会177Ⅰ・Ⅱ）。会社と相続人等との間で協議が調ったとき、または裁判所による価格決定がなされたときに、会社と相続人等の間で株式の売買契約が成立します。なお、売渡の請求の日から20日以内に協議が調わず、かつ、裁判所に対する売買価格の決定の申立てがなされないときは、売渡請求の効力は失われます（会177Ⅴ）。

■書式Ⅶ－①　参考書類記載例（株主全員から申込みを募る場合）

第○号議案　　自己株式取得の件
　株主の皆様への利益還元のため、および機動的な資本政策の遂行を可能とするため、会社法第156条の規定に基づき、自己の株式を取得することにつきご承認をお願いするものであります。
１．取得する株式の種類および数
　　　普通株式　　○○○○○株（上限）
２．株式を取得するのと引換えに交付する金銭等の内容およびその総額
　　　金銭とし、総額○○○○○○円（上限）
３．株式を取得することができる期間
　　　本株主総会終結の時から１年以内とする。

　なお、本議案をご承認いただいた場合、取締役会おいて取得する株式の数およびその取得価額等、会社法第157条第１項各号に定める事項を決定し、株主の皆様に対して同法第158条第１項に基づき通知いたしますので、保有する当社株式の譲渡しをご希望される株主様は、同法159条第１項に基づき、当社に対して譲渡しの申込みをされるようお願い申し上げます。

Ⅶ 自己株式の取得

■書式例Ⅶ－② 取締役会議事録例

第○号議案　自己の株式を取得する件

　議長は、　年　月　日開催の当社第○回定時株主総会において決議された「自己株式取得の件」に基づき、下記のとおり決定したい旨を述べ、詳細な説明を行った後に賛否を諮ったところ、出席取締役は全員異議なくこれを承認可決した。

記

1．取得する株式の数　　　　　　　　　　　　株
2．1株当たりの取得価格　　　　　　　　　円
3．株式取得総額　　　　　　　　　　　　　円
4．株式の譲渡しの申込期日　　　年　　月　　日

3．相続人等に対する売渡しの請求

■書式Ⅶ-③　会社法158条の通知例

年　　月　　日

株主各位

東京都○○区○○町○丁目○○番○○号
○○○○株式会社
取締役社長　　○○　　○○

自己の株式の取得価格等の決定のご通知

　拝啓　平素は格別のご高配を賜り、厚く御礼申し上げます。

　さて、　年　月　日開催の当社第○回定時株主総会において決議されました「自己株式の取得」につき、　年　月　日開催の当社取締役会において下記のとおり取得価格等を決定いたしましたので、ご通知申し上げます。

　つきましては、お申込みされる場合は、同封の「株式譲渡し申込書」に所要事項をご記入、お届出印をご押印のうえ、　年　月　日までに到着するようご返送くださいますようお願い申し上げます。

敬　具

記

1．取得する株式の数　　　　　　　○○○○○○株
2．１株当たりの取得価額　　　　　　　○○○円
3．株式取得総額　　　　　　○○○○○○○○○円
4．株式の譲渡しの申込期日　　　　年　　月　　日
5．支払の期日　　　　　　　　　　年　　月　　日

以　上

※本通知には、上記に加え、具体的な申込方法等についての「申込要領」を記載することが考えられます。

Ⅶ 自己株式の取得

■書式Ⅶー④ 株式譲渡し申込書

年　　月　　日

株式譲渡し申込書

株式会社○○○　御中

　　年　　月　　日開催の貴社第○回定時株主総会および　年　　月　　日開催の貴社取締役会の決議に基づき、私が所有する下記の株式を譲渡することを申し込みます。

記

* ＊　申込希望株式数　＿＿＿＿＿＿＿株
* ＊　譲渡金額　　　　＿＿＿＿＿＿＿円
* ＊　売却代金送金先　＿＿＿＿＿＿＿銀行　　　　　　支店
　　　　　　　　　　＿＿＿＿預金　口座番号＿＿＿＿＿

（フリガナ）
口座名義人＿＿＿＿＿＿＿＿＿＿＿＿

以　上

＊ 住所	〒　-　　電話（日中連絡先）　　-　　-
＊ 氏名	（フリガナ）
	（お届出印）

　＊の箇所にご記入、ご捺印をお願いいたします。

196

3．相続人等に対する売渡しの請求

■書式例Ⅶ─⑤　参考書類記載例（特定の株主から取得する場合）

第○号議案　特定の株主からの自己株式の取得の件
　会社法第156条および同法第160条の規定に基づき、以下のとおり、自己株式を取得することといたしたいと存じます。なお、本書面は会社法第160条第2項の通知を兼ねております。株主様は同条第3項に基づき、下記特定の株主に自己をも加えたものを本株主総会の議案とすることを本株主総会の5日前までにご請求いただける旨をお知らせいたします。
1．取得する株式の種類および数
　　　普通株式　○○○○株を上限とする。
2．株式を取得するのと引換えに交付する金銭等の内容およびその総額
　　　金銭とし、総額　　　　　　　　円を上限とする
3．取得する相手方
　　　○○○○
　　　○○○○
4．株式を取得することができる期間
　　　本株主総会終結の時から1年以内

■書式例Ⅶ─⑥　取締役会議事録例

第○号議案　特定の株主から自己の株式を取得する件
　議長は、　年　月　日開催の当社第○回定時株主総会において決議された「特定の株主からの自己株式の取得の件」に基づき、下記のとおり決定したい旨を述べ、詳細な説明を行った後に賛否を諮ったところ、出席取締役は全員異議なくこれを承認可決した。

記

1．取得する株式の数　　　　　　　　　　株
2．1株当たりの取得価格　　　　　　　　円
3．株式取得総額　　　　　　　　　　　　円
4．株式の譲渡しの申込期日　　年　月　日
5．特定の株主および取得株数　○○○○　　　　○○○株
　　　　　　　　　　　　　　　○○○○　　　　○○○株

Ⅶ 自己株式の取得

■書式例Ⅶ－⑦ 相続人等に対する売渡しの請求に係る定款規定例

（株式の譲渡制限）

第○条 当会社の株式を譲渡により取得するには、取締役会の承認を要する。

（相続人等に対する売渡しの請求）

第○条 当会社は、相続その他の一般承継により当会社の株式を取得した者に対し、当該株式を当会社に売り渡すことを請求できる。

▶▶▶ 索　引 ◀◀◀

数　字

5 年間継続未達……………………… 142

い

一般承継………………………… 10, 34
一括上程方式……………………………95
委任状………………………… 67, 73
委任状勧誘……………………………70
委任状勧誘制度………………………74
委任状の作成…………………………73

か

買取価格…………………………… 149
株券……………………………………27
株券喪失登録請求書……………… 173
株券喪失登録制度………………… 172
株券喪失登録の請求……………… 172
株券喪失登録簿……………… 172, 173
株券喪失登録簿の閲覧・謄写請求 175
株券の印紙税……………………………29
株券の権利推定機能……………………11
株式の譲渡方法…………………………26
株券の発行………………………… 160
株券の不所持申出………………………26
株券発行会社………………… 11, 26
株券発行会社の名義書換……………46
株券不所持制度………………………28
株券不発行会社……………14, 26, 48
株式……………………………………10

株式の移転の対抗要件………………10
株式の質入れ…………………………12
株式分割………………………… 164
株主……………………………………10
株主受付票………………… 90, 91
株主総会資料の電子提供制度………87
株主総会への報告の省略……………79
株主総会議事録………………………86
株主総会決議の省略…………………79
株主総会参考書類……………………70
株主提案権………………………… 115
株主提案権の行使期限…………… 116
株主提案の数の制限……………… 117
株主名簿………………………………10
株主名簿閲覧・謄写請求書…………20
株主名簿記載事項……………………11
株主名簿記載事項証明書……………12
株主名簿の閲覧請求…………………20
株主名簿の閲覧請求権………………20
株主名簿の確定………………………56
株主名簿の記載事項…………………18
株主名簿の作成………………………18
株主名簿閉鎖制度……………………57
株主リスト………………… 111, 114

き

基準日…………………… 14, 56
基準日制度……………………… 14, 56
期末配当…………………………… 123
議案提案権……………………… 116

索引

議決権·····················56,60
議決権行使権者·····················59
議決権行使書·····················68
議題提案権·····················116

け

競売·····················141
源泉徴収税·····················124

こ

公告·····················15
効力発生日·····················167
個別上程方式·····················95

さ

参考書類·····················70

し

シナリオ·····················94,96
失念株主·····················14
指定買取人·····················37,38
支払調書·····················150
修正動議·····················116
招集通知·····················67
招集手続の省略·····················78
所在不明株主·····················14,141
所有株数証明書·····················12
事業報告·····················68
自己株式の取得·····················186
持参債務·····················126
住民税·····················124
受任承諾書·····················76
譲渡承認·····················36,37
譲渡承認請求·····················36

譲渡承認請求者·····················37
譲渡制限株式·····················33
譲渡制限株式の譲渡手続·····················34
譲渡制限会社·····················14
剰余金の配当·····················123
書面交付請求·····················88,89
書面投票·····················68

せ

善意取得·····················12

そ

総数引受契約·····················159

た

単元株制度·····················146
単元株制度採用·····················61
単元未満株式買取請求権·····················148
単元未満株式買取請求書······149,151
単元未満株主の権利·····················146
単元未満株主の法定権利·····················147
第三者対抗要件·····················11
第三者割当増資·····················156
代表取締役等住所非表示措置······113
代理人·····················73

ち

遅滞なく·····················28

つ

通常の名義書換·····················46

て

定時株主総会·····················56,61

201

索引

電子提供制度·····················87

と

登録株式質権者·················60
特殊な名義書換·················47
特別決議·······················63
届出印·························52
届出の印鑑·····················46

は

配当金額の計算·················124
配当金計算書・確認書···········127
配当金支払調書·················128
配当金送金依頼書·········132, 140
配当金の受領権者···············60
端数処分代金···················168

ふ

普通決議·······················62
復興特別所得税·················124
振込不能·······················132

へ

変更届·························52

ほ

包括承継·······················10
募集株式の発行·················156
募集事項の決定·················156

ま

マイナンバー制度···············128
抹消申請··················175, 177

み

未払株主·······················132
未払配当金·····················132
みなし配当·····················187

め

名義書換請求···················11
名義書換請求書·················46
名義書換手続···················46
名義書換の不当拒絶·············11
免責的効力··················13, 14

よ

予備株券·······················28

り

臨時株主総会···············56, 61

わ

割当通知·······················167
割当原簿·······················166

◆著者紹介◆

三井住友信託銀行株式会社　ガバナンスコンサルティング部
（旧東京証券代行株式会社）

昭和37年11月	日立製作所の株式部門から分離独立し、専門証券代行機関として設立
昭和39年5月	証券取引所から株式事務代行機関として認定を受ける
平成17年3月	中央三井信託銀行（現三井住友信託銀行）の子会社となる
平成20年5月	金融商品取引業者として登録
令和7年1月	三井住友信託銀行と合併

3訂版	
これ1冊でOK！ 中小企業の株式実務	平成24年 3月20日　初版発行 令和7年 3月20日　3訂初版

検印省略

著　者　三井住友信託銀行
　　　　ガバナンスコンサルティング部

発行者　青　木　鉱　太
編集者　岩　倉　春　光
印刷所　藤　原　印　刷
製本所　国　宝　社

〒 101-0032
東京都千代田区岩本町1丁目2番19号
https://www.horei.co.jp

（営　業）	TEL	03-6858-6967	Eメール	syuppan@horei.co.jp
（通　販）	TEL	03-6858-6966	Eメール	book.order@horei.co.jp
（編　集）	FAX	03-6858-6957	Eメール	tankoubon@horei.co.jp

（バーチャルショップ）　https://www.horei.co.jp/iec/
（お詫びと訂正）　　　　https://www.horei.co.jp/book/owabi.shtml
（書籍の追加情報）　　　https://www.horei.co.jp/book/osirasebook.shtml

※万一、本書の内容に誤記等が判明した場合には、上記「お詫びと訂正」に最新情報を掲載しております。ホームページに掲載されていない内容につきましては、FAXまたはEメールで編集までお問合せください。

・乱丁、落丁本は直接弊社出版部へお送りくださればお取替えいたします。
・[JCOPY]〈出版者著作権管理機構　委託出版物〉
本書の無断複製は著作権法上での例外を除き禁じられています。複製される場合は、そのつど事前に、出版者著作権管理機構（電話 03-5244-5088、FAX 03-5244-5089、e-mail: info@jcopy.or.jp）の許諾を得てください。また、本書を代行業者等の第三者に依頼してスキャンやデジタル化することは、たとえ個人や家庭内での利用であっても一切認められておりません。

Ⓒ Sumitomo Mitsui Trust Bank, Limited Governance Consulting Department 2025. Printed in JAPAN

ISBN 978-4-539-73087-4